CIDADANIA DA
MULHER PROFESSORA

Dados Internacionais de Catalogação na Publicação (CIP)
(Câmara Brasileira do Livro, SP, Brasil)

Brabo, Tânia Suely Antonelli Marcelino
  Cidadania da mulher professora / Tânia Suely Antonelli Marcelino Brabo ; coordenação Diamantino Fernandes Trindade. — São Paulo : Ícone, 2005. — (Coleção conhecimento e vida)

  Bibliografia.
  ISBN 85-274-0848-1

  1. Cidadania 2. Educação - Brasil - História 3. Mulheres - Educação - Brasil 4. Professoras - Brasil 5. Sociologia educacional - Brasil I. Trindade, Diamantino Fernandes. II. Título. III. Série.

05-7729   CDD-371.110981

Índices para catálogo sistemático:
1. Brasil : Mulheres e magistério : Educação
    371.110981
2. Brasil : Mulheres professoras : Educação
    371.110981

Tânia Suely Antonelli Marcelino Brabo

CIDADANIA DA MULHER PROFESSORA

**Coleção
Conhecimento e Vida**

Coordenação
Diamantino Fernandes Trindade

Ícone
editora

© Copyright 2005.
Ícone Editora Ltda.

Coleção Conhecimento e Vida

Coordenação
Diamantino Fernandes Trindade

Diagramação
Andréa Magalhães da Silva

Revisão
Rosa Maria Cury Cardoso

Proibida a reprodução total ou parcial desta obra,
de qualquer forma ou meio eletrônico, mecânico,
inclusive através de processos xerográficos,
sem permissão expressa do editor
(Lei nº 9.610/98).

Todos os direitos reservados pela
ÍCONE EDITORA LTDA.
Rua Anhanguera, 56 – Barra Funda
CEP 01135-000 – São Paulo – SP
Tel./Fax.: (11) 3392-7771
www.iconelivraria.com.br
e-mail: iconevendas@yahoo.com.br
editora@editoraicone.com.br

"Não é puro idealismo, acrescente-se, não esperar que o mundo mude radicalmente para que se vá mudando a linguagem. Mudar a linguagem faz parte do processo de mudar o mundo. A relação entre linguagem-pensamento-mundo é uma relação dialética, processual, contraditória. É claro que a superação do discurso machista, como a superação de qualquer discurso autoritário, exige ou nos coloca a necessidade de, concomitantemente com o novo discurso, democrático, antidiscriminatório, nos engajarmos em práticas também democráticas.

O que não é possível é simplesmente fazer o discurso democrático, antidiscriminatório e ter uma prática colonial."

Paulo Freire
Pedagogia da Esperança

À

Memória de Irene, minha mãe, exemplo de luta pela vida.

Thatyana, Fernanda e Thaís, minhas filhas, fontes de realização que muito me ensinam.

Ana Beatriz, minha neta, esperança do futuro.

Mulheres que sempre me inspiraram.

Sobre a autora

- Pedagoga pela Faculdade de Filosofia e Ciências da UNESP – Campus de Marília
- Mestra em Educação pela UNESP – Campus de Marília
- Doutora em Sociologia pela UNESP – Campus de Marília
- Docente do Departamento de Administração e Supervisão Escolar da Faculdade de Filosofia e Ciências da UNESP – Campus de Marília
- Presidente do Núcleo de Direitos Humanos e Cidadania da Mulher de Marília
- Conselheira do Núcleo de Estudos da Mulher e Relações Sociais de Gênero - USP

Prefácio

O que acontece quando a escola se encontra com o feminismo? Ou, de outra maneira, qual é o olhar que o feminismo tem sobre a escola? Estas duas questões são corajosamente enfrentadas por Tânia neste livro. Foi, parece-me, a primeira vez que uma pesquisa de campo trouxe respostas a estas questões.

A sociedade, de modo geral, tem a expectativa de que as crianças vão adquirir na escola, além do conhecimento, valores, comportamentos, normas de conduta. Mas, cada vez mais, desde que a escola deixou de ser um reduto freqüentado por uma reduzida parcela da população, alterou-se a expectativa: são as professoras e professores que esperam que, da casa, alunas e alunos tragam valores, normas de comportamento, educação para uma convivência harmônica na sala de aula, respeito à autoridade dos docentes e, mais ainda que pais e mães acompanhem as tarefas que devem ser desempenhadas em casa.

Este é o contraditório cenário das expectativas dos profissionais do ensino e da família, no mais das vezes constituída só pela mãe.

Num recente passado, até a década de 1970, os conflitos observados na escola eram frágeis se comparados ao que assistimos nas décadas seguintes. Não se pode dizer que não houvessem, havia sim, sobretudo nas escolas particulares. A título de exemplo, lembro-me de fatos que ocorreram quando dei algumas aulas de história, no início da década de 1960. Era uma escola particular localizada na Av. Água Branca, bairro de residências de classe média e comércio na avenida. No primeiro dia de aula, no noturno, o secretário me surpreendeu ao avisar que se quisesse atravessar o pátio, no intervalo das aulas, eu o chamasse: o local era muito perigoso, afirmava. Nas semanas seguintes, ao comentar uma das provas que a classe havia feito, aquelas páginas que ficaram sobre a mesa nas minhas ingênuas costas, foram simplesmente roubadas por algum ou alguma aluno/a.

Tenho certeza de que aquela não era uma inusitada ocorrência e desconheço que qualquer atitude tivesse sido publicamente tomada para coibir um processo de forte desorganização que se iniciava.

Em compensação, na escola pública, naqueles anos, o ensino era muito bem administrado, mas a ordem era exageradamente imposta às alunas e alunos. Havia separação entre os sexos não apenas nas classes mas, por vezes, nos períodos e, não eram raras as que controlavam até o que ocorria nas ruas das imediações supondo que o contato entre rapazes e moças adolescentes constituía um perigo senão um provável indutor de pecado sexual. A sexualidade era sinônimo de transgressão, não era tema adequado de ser tratado na escola.

Não se trata aqui de discutir as mudanças na qualidade da escola pública e na privada mas, de procurar entender o significado que a Escola dava aos *direitos humanos de jovens em formação*, o que entendiam ser alunos e alunas *adolescentes* que, em poucos anos, seriam *mulheres e homens*. O que, para a escola, era ser mulher? O que era ser homem? O que eram direitos iguais nas relações de gênero?

Falar em escola é, no mínimo, referir-se a três aspectos: a orientação impressa nos currículos organizados por órgãos estatais como o ministério ou secretarias da Educação; os livros escolares que transmitem uma ideologia própria, nem sempre semelhante às propostas pelos órgãos estatais ou pela sociedade; os valores e informações que o próprio corpo docente detém.

Paralelamente, o corpo discente traz da casa ou da família uma gama de valores diversos, experiências de relações harmônicas ou conflituosas, violência de todo o tipo, problemas econômicos, questões de espaço, entre outros.

O olhar feminista pousado sobre todos estes planos mostrou o papel meramente burocrático do Estado que não acompanha os processos de mudança social nem atualiza paralelamente os currículos. Revelou que os livros escolares reproduzem e fortalecem os estereótipos a respeito da subordinação da mulher ao homem. E mostrou, sobretudo, que o corpo docente, constituído predominantemente por mulheres, está amarrado aos valores e preconceitos recebidos durante a própria socialização. São profissionais que sentem, na própria pele, a contradição de trabalhar e deixar a casa e filhos, que não sabem muito bem como tratar as mesmas questões que depois enfrentam na escola. Assim a profissionalização não avança e os seus próprios direitos humanos e de gênero se reduzem a serem secundários. Prevalece a subordinação na carreira e na vida. Não tem como resolver a própria sexualidade, como então enfrentar a orientação de suas alunas e alunos?

Quando o olhar feminista penetra na casa e na família os bem guardados segredos da sexualidade desrespeitada vêem à luz. É assim que se começam a desvendar os abusos e a importância em puni-los.

Mas quem abordará com clareza e sutileza, conhecimento e respeito a delicada situação, a questão dos direitos das e dos jovens estudantes?

Nem a família confia na escola, nem a escola pode contar com a família.

Tânia abordou todos estes problemas e apontou algumas soluções. Mostrou que os direitos humanos devem começar a ser concretizados desde que a criança nasce e que se pode construir, coletivamente, uma adequada divisão de papéis sociais.

EVA ALTERMAN BLAY
Profa. Titular de Sociologia
Coordenadora Científica do NEMGE (Núcleo de Estudos da Mulher e Relações Sociais de Gênero)
UNIVERSIDADE DE SÃO PAULO

Sumário

1. Introdução, 19

2. A abordagem através dos tempos, 31
   2.1 Transformação da posição social da mulher a partir das sociedades primitivas, 31
   2.2 A origem da questão: papel social das mulheres através dos tempos, 34
   2.3 Início da preocupação com o saber feminino, 41
   2.4 Raízes do feminismo mundial, 46
   2.5 Aspectos da cultura brasileira influenciadores da discriminação da mulher no Brasil: influências recebidas da metrópole, 51
   2.6 O movimento feminista no Brasil, 59
   2.7 Década de 1980: contribuição para a cidadania da mulher, 65

3. **Formação da identidade feminina,** 89
   3.1 Aspectos culturais: socialização informal, 89
   3.2 Cultura, ideologia e identidade, 94
   3.3 Instrução da mulher: socialização formal, 102
   3.4 A Escola Normal e a feminização do magistério, 111
   3.5 A formação da professora, 116
      3.5.1 Das Escolas Normais para a Habilitação Específica para o Magistério e CEFAMs, 116
      3.5.2 O Magistério foi importante para a mulher nos anos de 1990?, 122

4. **Mulher e trabalho,** 129
   4.1 Fatores condicionantes para a escolha da profissão, 129

5. **Magistério: profissão feminina que discrimina a mulher,** 143
   5.1 Debate nas escolas públicas sobre o papel da mulher na sociedade, 152

6. **Cidadania da mulher,** 167
   6.1 Sua origem: conceito elaborado excluindo a mulher, 170
   6.2 A noção de cidadania na ideologia da Revolução Francesa: universalidade que discriminou as mulheres, 176
   6.3 A evolução dos direitos da mulher no Brasil e no mundo: a cidadania a que se aspira, 179

7. **Educação e cidadania,** 187
   7.1 Cidadania da mulher - professora: perfil de professoras do Ensino Fundamental da rede pública de ensino (expectativas, trabalho, comportamento diante das questões de gênero), 191
   7.2 Nível cultural – escolar, 193
   7.3 Família, 194
   7.4 Salário, 197
   7.5 Valores ideológicos ou simbólicos, 203
   7.6 Deficiências na formação e a busca de superação, 211
   7.7 O exercício da cidadania, 212
   7.8 O gênero e o cotidiano da professora, 215

8. **Considerações finais,** 223

Referências, 235

1. Introdução

Minha motivação para estudar o tema da mulher na educação não é recente e nem se deu apenas por estar atuando na educação.

Trata-se de uma reflexão que ocorreu a partir do momento que comecei a observar a vida das mulheres à minha volta e tomar consciência de que o fato de *ser mulher* implicava discriminação ou privação de direitos. Tentando entender e encontrar explicações para tal fato, minhas posturas críticas em relação à sociedade aumentaram.

Algum tempo depois percebi que as mudanças deveriam começar no âmbito familiar de cada mulher e, a partir de então, passei a ter nova atuação dentro da própria família. Era natural que isto viesse a ocorrer, pois se cada mulher tentasse refletir e se insubordinar contra os papéis que lhes eram delegados pela sociedade como um todo, as relações sociais começariam a mudar e com elas todo um processo de mudança de valores com vistas a uma sociedade mais justa.

Na década de 1970, ao ter início a década da mulher, observei que havia uma reflexão generalizada sobre o real papel da mulher na sociedade e cujas idéias eram similares às minhas.

Quando voltei a estudar e optei pelo magistério, adquiri informações que não só influenciaram, mas também reforçaram minha opinião a respeito de questões relativas aos direitos e liberdade das pessoas. Uma das fontes inspiradoras foi a obra *Pedagogia do oprimido*, de Paulo Freire (1974).

Ao vir à UNESP, em 1987, encontrei respostas às minhas dúvidas sobre a sociedade em geral, pois o ensino lá vivenciado proporcionou-me o embasamento teórico necessário ao espírito crítico. Ao fazer a resenha *Feminização do magistério*, na disciplina de Didática, interessei-me ainda mais pela questão, pois julguei haver relação entre o descaso do poder público pela educação e o fato de haver na escola predomínio de docentes do sexo feminino, bem como de alunos das camadas menos favorecidas da população, aspectos estes que levaram à desvalorização da profissão e, por conseguinte, à degradação salarial. Não entendia, diante de tudo isto, como muitas mulheres ainda procuravam o magistério e como também resistiam às novas propostas metodológicas e às reivindicações da categoria.

Quando comecei minha carreira docente vivenciei, como estagiária numa escola em formação, o esforço conjunto da direção e professoras no desempenho de todo o tipo de atividade do cotidiano escolar, ou seja, muitas outras além do processo de ensinar.

Ao ingressar na Rede Municipal de Ensino comecei a observar que nem todos os direitos, embora garantidos por lei, como o de greve, me eram concedidos. Por este e outros motivos, optei definitivamente pelo magistério público estadual. Acreditava que ali teria mais segurança, pois além de contar com um sindicato forte para defender os direitos da categoria, era uma instituição mais regulamentada e meus direitos seriam mais respeitados. Não me enganei quanto a este aspecto, mas vi vários de meus direitos e os de meus alunos serem aviltados, sem que nada pudéssemos fazer. Passei então a entender mais a passividade daquelas mulheres que faziam a educação funcionar, apesar da inconstância, da descontinuidade de propostas, da desvalorização profissional, da precariedade nas condições de *trabalho* dentre outros problemas.

Em vista de todos esses problemas, ao iniciar o mestrado, resolvi aprofundar-me nesta questão, pois observei que, na prática, havia dificuldade em se apontar um fator condicionante da questão feminina. Havia, na verdade, vários fatores interligados que obstaculizavam o exercício da cidadania das profissionais do ensino, tanto no cotidiano escolar quanto nas reivindicações da categoria.

Outro motivo que aguçou meu interesse foi observar, no cotidiano, certa confusão no que diz respeito aos direitos das pessoas. Isto reforçou ainda mais meu desejo de estudar a questão da mulher e da professora na perspectiva da cidadania, já que esta é a principal responsável (ou pelo menos a responsável direta) pela formação das crianças para a cidadania.

Iniciei minha pesquisa por uma retrospectiva histórica do papel da mulher na sociedade, para tentar detectar onde tudo começou, considerando como enfoque principal o *trabalho* feminino, pois o *trabalho* é um componente forte da cidadania e dá condições para se atuar na sociedade.

Assim, resolvi dar destaque à década de 1980, pois ao ter acesso e analisar alguns documentos da época, reconheci que este fora um momento histórico importante para a cidadania da mulher.

No momento da realização da pesquisa, final do século XX, o discurso em voga era a conquista da cidadania (vê-se os seus efeitos na implementação dos Programas de Renda Mínima existente em vários municípios, no reascender dos Conselhos Municipais, na necessidade de uma redefinição do conceito de *trabalho*, na criação de novos direitos e na ampliação de novos sujeitos de direito), ou seja, resgatar a cidadania no cotidiano das pessoas. E, neste aspecto, a escola tem um papel primordial, pois tem a responsabilidade de contribuir para a democratização da sociedade na medida em que proporcione uma cultura democrática no seu cotidiano. Isto só será possível mediante a reestruturação de sua prática, com vistas a que nela seja efetivamente vivenciada a cidadania.

Por estes motivos, e por acreditar na educação, é que a preocupação central deste *trabalho* tornou-se a cidadania da mulher professora, ainda mais pelo fato de a educação brasileira ter como um de seus objetivos "formar para o exercício consciente da cidadania". Considerou-se principalmente o Ensino Fundamental, por ser ele composto, em sua quase totalidade, por mulheres, na qualidade de professoras.

Sendo a escola uma instituição indispensável para o aprendizado da cidadania, porquanto, para muitas crianças talvez seja uma das únicas oportunidades de acesso ao conhecimento necessário à sua própria cidadania, não pode ela, a nosso ver, se eximir de proporcionar os meios necessários para garantir o atingimento desse objetivo. Para tanto, a educadora deve estar sensibilizada quanto ao papel da mulher na sociedade atual, redefinindo também o seu papel de educadora, interessada em promover reflexão, análise crítica e participação, para que se formem estudantes agentes de transformação social, construtores de sua própria cidadania.

As seguintes questões serviram de inspiração e de reflexão sobre a problemática em questão: O que a mulher professora pensa acerca de cidadania? Ela exerce a sua cidadania no lar e na profissão? O fato de ser professora contribuiu para a sua evolução como cidadã? Nas atividades docentes, sobretudo no Ensino Fundamental, a grande maioria é de mulheres, seja na condição de professora, diretora ou supervisora de ensino. Apesar desta supremacia, por que a problemática feminina não é colocada? Sem estar sensibilizada quanto à questão da mulher na sociedade, é possível à educadora orientar o ensino, ou agir para que se vivencie a cidadania igualitária para meninos e meninas?

E mais: Por que estas professoras, que devem contribuir para a formação do cidadão crítico, resistem ao ter que exercer a cidadania nas reivindicações da categoria, e mesmo diante de novas metodologias e propostas educacionais mais coerentes à formação do cidadão?

O capítulo A *abordagem através dos tempos* contém uma retrospectiva histórica e versa sobre o papel da mulher na sociedade e sua relação com a divisão sexual do *trabalho* e a concepção da profissão magistério. Esta profissão foi tipicamente feminina no Brasil, desde seus primórdios. Para a compreensão do papel da mulher partiu-se das idéias de Engels (1974) com relação à modificação do *status* feminino na sociedade em consonância com a origem da propriedade privada.

Nesta retrospectiva histórica, é discutido o movimento feminista, porque este contribuiu para a evolução do comportamento e das idéias das mulheres no Brasil por meio de muitas ações, entre elas a luta por seus direitos aviltados historicamente. A década da mulher, declarada pela ONU para os anos de 1970/1980, possibilitou um amplo debate e uma campanha política efetiva das feministas, imprescindíveis à cidadania da mulher. Alguns momentos e ações importantes desenvolvidas no Brasil por ocasião daquela década, especialmente a de 1980, são destacados, pois os mesmos serviram de suporte para a discussão do papel da mulher professora, quais sejam: a *Comissão Especial de Inquérito que investigou as discriminações contra a mulher na cidade de São Paulo*, em 1984; a *I Jornada do Comitê das Nações Unidas no Brasil contra a Discriminação à Mulher*, em 1987; a *Proposta Popular de Emenda ao Projeto de Constituição do Movimento Popular de Mulheres* (Rede Mulher), em 1986.

Além da análise da literatura, foi desenvolvida uma análise qualitativa a partir da discussão do papel da mulher no Brasil e especialmente no Estado de São Paulo, utilizando para isto dados e documentos da época, contando particularmente com o depoimento de destacados atores desse processo.

No capítulo seguinte *Formação da identidade feminina*, procura-se explicar os fatores que condicionam o papel da mulher, entre os quais estão a cultura e ideologia, transmitidos via socialização formal e informal e que interfere na construção da identidade feminina. Neste processo, a escola e a professora têm um importante papel. No geral, pode-se afirmar que no Brasil este processo não promove o exercício da cidadania.

Observou-se que um dos primeiros direitos concedidos às mulheres brasileiras dizia respeito ao acesso à educação, quanto à profissionalização feminina: o magistério. A criação da Escola Normal, ainda que não visasse à emancipação feminina, constituiu-se num dos únicos meios de evolução intelectual da mulher. Por essa razão, procedeu-se a uma breve retrospectiva histórica sobre a Escola Normal, desde sua criação, e que mostra a importância que este nível de ensino tinha para o poder público. Também mostra que o ensino proporcionado refletia e reforçava os papéis sexuais tradicionais, fazendo da mulher professora "agente e paciente" da discriminação da mulher na sociedade (VERUCCI, 1977).

Com a transformação da Escola Normal para Habilitação Específica para o Magistério (HEM), a partir da reforma do ensino instituída por meio da Lei 5.692/71, a formação da professora debilitou-se, assim como o ensino em geral.

A criação do projeto CEFAM, em São Paulo (Centro Específico para a Formação do Magistério), ocorreu em 1987, inspirado na proposta do MEC. Iniciada sua implantação e funcionamento a partir de 1988, o projeto possibilitou melhoria da qualidade do ensino dos profissionais da educação, contribuindo para a formação de profissionais mais preparados e críticos. Atualmente, o CEFAM encontra-se em fase de encerramento, foi extinto pelo Governo do Estado.

A abordagem da formação da identidade feminina, mostrou que em inúmeros casos tal formação ou identidade foi condicionada para o magistério. Quando houve uma maior abertura para o ensino superior para mulheres, a sociedade as induziu a escolher cursos orientados às profissões consideradas adequadas ao sexo feminino, na maioria das vezes desvalorizadas e que proporcionavam salários mais baixos.

Por este motivo, no quarto capítulo, procurou-se refletir sobre o *trabalho* da mulher, a dupla jornada de *trabalho*, a divisão de *trabalho* entre os sexos, que condicionam a escolha de profissão. Se o *trabalho* é importante para a cidadania, pode-se afirmar que a sociedade concebeu o *trabalho* para a mulher proporcionando-lhe meia cidadania ou cidadania imperfeita?

Como exemplo de proposta pedagógica que leva à reflexão e ao debate sobre o *trabalho* em nossa sociedade, merece destaque neste estudo o currículo para o ensino de História e Geografia para o Ensino Fundamental do Estado de São Paulo.

No quinto capítulo é mostrado que a questão de gênero, quando aparece na escola, é mal colocada. O sexismo ainda se faz presente em muitos livros didáticos e no cotidiano escolar. O silêncio da escola a esse respeito leva sutilmente a um reforço de preconceitos que as crianças já assimilaram no seio da família e que, muitas vezes, inferioriza e discrimina o sexo feminino.

Aqui a década de 1980 é mais uma vez lembrada, pois representou um momento único para a problemática feminina, particularmente por ocasião do encerramento da década da mulher, quando houve um intenso debate nas escolas públicas paulistas sobre o papel da mulher na sociedade. Por ser um momento importante para a cidadania da mulher, procurou-se resgatá-lo. A Delegacia Regional de Ensino (DRE) de Marília[1], nesse processo, teve participação de destaque.

---

[1] Com as mudanças e reorganização das escolas paulistas no final da década de 1990, as DREs no Estado de São Paulo deixam de existir. O órgão intermediário regional passou a ser a Diretoria de Ensino Regional de Marília.

O sexto capítulo apresenta uma reflexão sobre a origem do conceito de cidadania, mais especificamente resultante da Revolução Francesa. Mesmo com sua Declaração Universal dos Direitos do Homèm e do Cidadão, que colocava todos como iguais perante a lei, aqueles direitos não se estendiam às mulheres. Com isto, o debate foi situado: do ponto de vista da autora desta dissertação, a cidadania a que se aspira atualmente deve promover a efetiva igualdade entre homens e mulheres.

No sétimo capítulo, além de refletir sobre o papel da escola quanto à questão objeto deste estudo, foi realizada uma análise quantitativa a partir de um questionário aplicado a professoras de uma escola pública de Marília. Complementarmente, foram feitas entrevistas qualitativas com professoras da Rede Pública, com vistas a uma maior compreensão dos aspectos do *trabalho* cotidiano, profissional e sobre a pessoa da professora. O objetivo foi verificar se o *magistério* contribuiu para a elevação do conhecimento e da reflexão acerca do exercício da cidadania feminina e para mudanças de padrões tradicionais de comportamento.

Há nas relações familiares destas professoras uma evolução quanto a papéis atribuídos a cada sexo, mesmo que aparentemente não se preocupem com a questão da mulher na sociedade? Ou há uma evolução apenas em nível de discurso? A análise dos resultados do questionário, assim como das respostas às entrevistas qualitativas permitiram extrair algumas conclusões que foram apresentadas neste mesmo capítulo.

Nas considerações finais, contém uma reflexão sobre o exercício da cidadania das professoras de Ensino Fundamental, onde é retomada a relação hipótese: o papel da mulher na sociedade/divisão do *trabalho*/concepção da profissão magistério, e é colocada a necessidade, cada vez maior, de que a mulher que atua na educação seja uma profissional reflexiva e crítica, ao mesmo tempo que deve exercer a cidadania na escola e orientar seu *trabalho* para o atingimento deste objetivo.

Todas as reflexões desta dissertação foram estimuladas pelas dificuldades em encontrar as causas da problemática feminina, inclusive as relativas ao papel de professora. Melhor dizendo, detectou-se que as causas são várias, só que muitas vezes elas se tornam imperceptíveis, inclusive para as próprias mulheres. Resgatá-las e refletir sobre elas são obrigações da escola e da professora. Talvez assim se possa minimizar as dificuldades para o exercício da cidadania, educando meninos e meninas para exercerem seu direito de cidadania de forma igualitária.

2. A abordagem através dos tempos

2.1 Transformação da posição social da mulher a partir das sociedades primitivas

Todos os sistemas humanos de organização são construções culturais. São os seres humanos que elaboram normas e costumes que irão condicionar os comportamentos e as relações sociais; no entanto, a mulher é apresentada e definida como ligada à natureza, à contingência biológica, enquanto que o homem é apresentado ligado à cultura, à abstração e à técnica. Diante desta aproximação com a natureza, historicamente, foram atribuídas à mulher as funções domésticas, do alimento e da manutenção dos filhos, ficando reservadas ao homem as funções públicas. Enquanto as divisões de *trabalho* entre sexos se davam de uma forma igualitária em nível de importância social, a mulher não era discriminada, nem tampouco inferiorizada (SACKS, 1979; PONCE, 1985).

A partir do momento em que houve divisão entre público e privado, inicia-se o jogo de interesses, a relação de poder, o acúmulo de riquezas, e a mulher passou a ser definida dentro desta concepção, ou seja, o homem como o proprietário, o senhor, e a mulher como sua a propriedade, sua dependente.

Engels (apud SACKS, 1979) mostra que a posição feminina variou de sociedade para sociedade, de acordo com as relações econômicas e políticas predominantes. Ainda, segundo mostra o autor, a posição social da mulher não teria sido sempre de subordinação ao homem. Como suas idéias vêm ao encontro do que se pensa a respeito, estas serão utilizadas como referências básicas para o entendimento das fontes de subordinação.

Essa identificação simbólica da mulher com a natureza tem sido usada universalmente para mantê-la em condição de subalternidade, mas Engels (1974) mostra que nas sociedades primitivas a mulher desempenhava um papel relevante: mesmo havendo a divisão sexual de *trabalho*, esta era complementar e não implicava uma relação de subordinação.

Ao sugerir que a propriedade privada deu origem à destruição da ordem tribal igualitária, criando as famílias como unidades econômicas, de posse de propriedades desiguais e, finalmente, sociedades de classes exploradas, Engels (1974) comprova que, com esta transformação, a posição feminina na sociedade decaiu à medida que a propriedade privada ganhou forças como um princípio ordenador para a sociedade, transformando a organização do *trabalho* feminino.

Portanto, observa-se que o papel social das mulheres em cada momento histórico tem relação com o conceito de *trabalho*, questão importante da cidadania; mas tal papel, embora importante socialmente nas sociedades primitivas, colocando a mulher em posição de igualdade com o homem, perde sua importância no momento em que o homem torna-se proprietário, surgindo na sociedade e, conseqüentemente na família, a relação de dominação e poder.

Mesmo sem serem consideradas cidadãs, sabe-se que as mulheres sempre trabalharam, participando de forma decisiva no desenvolvimento das cidades medievais, sem falar do seu *trabalho* nas primeiras indústrias. Portanto, elas sempre se fizeram presentes, só que a história oficial as excluiu.

Pelo exposto, acredita-se ser importante fazer uma reconstrução histórica da organização do *trabalho* e do *trabalho* público, à luz das idéias de Engels (1974), já que as mudanças por ele analisadas sugerem os mecanismos pelos quais o *status* feminino foi determinado, sendo a mulher vista como adulto social ou como esposa dependente. Além do mais, porque as mesmas explicam a exclusão de grande número de mulheres do *trabalho* produtivo nos séculos que antecederam o século XIX burguês, quando o fenômeno se intensificou, momento no qual elas foram excluídas na prática também dos direitos do cidadão, a universalidade dos mesmos não incluiu as mulheres.

Assim surgiu a preocupação deste *trabalho* em procurar na história alguns momentos mais significativos, de avanços e retrocessos quanto ao papel social da mulher no Ocidente, já que estes influenciaram as idéias e costumes brasileiros.

Considerando, ademais, a afirmação de Marx (1984) de que a vida social, política e intelectual é condicionada pelo modo de produção de cada sociedade, tem-se a explicação da evolução. É preciso desmistificar crenças, buscar a origem da questão para entender os mecanismos que levaram à *construção social* da mulher de acordo com os anseios da sociedade no decorrer da história.

2.2 A origem da questão: papel social das mulheres através dos tempos

De acordo com Ponce (1985), nas sociedades primitivas, a produção era unicamente destinada ao consumo, não havia excedentes para troca. A família era comunitária, uma vez que o armazenamento de alimentos era mantido em comum e o *trabalho* era feito pela família, cuja administração era confiada às mulheres, atividade pública socialmente tão necessária quanto o fornecimento de alimento feito pelos homens. Ambos os sexos eram membros iguais no grupo, livres, com direitos idênticos porque contribuíam decisivamente para a vida econômica, participando igualmente das decisões políticas.

Com o desenvolvimento dos recursos produtivos, a produção especificamente de troca tornou-se mais desenvolvida e ampliada, ultrapassando os limites da produção familiar. O papel da mulher e seu *trabalho* voltaram-se unicamente ao âmbito familiar. Há, então, a transformação do *status* da mulher, de membro igualitário da sociedade, para esposa subordinada; o homem-proprietário é valorizado, há a transformação das relações entre homens e mulheres dentro da família, conseqüência das mudanças radicais ocorridas nas relações políticas e econômicas da sociedade mais ampla.

Inicia-se, então, a relação de dominação e poder do homem e, mais ainda, do homem sobre a mulher. As mulheres e outros dependentes passaram a trabalhar como auxiliares, a colaborar na manutenção e no crescimento da propriedade, cujo dono não só a dirigia como também governava a sua família. Além desta relação na família, as mulheres e as crianças passaram a ser definidas de acordo com o seu grupo social: dos proprietários ou dos trabalhadores dependentes e subordinados (PONCE, 1985). Esta divisão em classes contribuiu para a separação das mulheres enquanto setor social pois, nessa perspectiva, os interesses diziam respeito à classe social à qual pertenciam. Tais interesses eram comuns e em grande parte opostos ao do grupo total.

Faltava a esta sociedade uma instituição que defendesse a nova forma de adquirir riquezas, que legitimasse e perpetuasse a nascente divisão em classes. Conforme Ponce (1985, p. 32), "o 'direito' de a classe proprietária explorar e dominar os que nada possuíam, surgindo assim o Estado". Além da relação de poder do homem sobre o homem tem-se a relação de dominação, submissão e, conseqüentemente, de poder, dos grupos sociais dominantes, relações estas intensificadas ou não em cada momento histórico pela Igreja e pelo Estado. Deles vão emanar ideologias responsáveis pelos valores sociais e morais de cada época, aos quais as relações familiares estão condicionadas e que influenciaram a questão da mulher em cada sociedade. Cada cultura, então, atribui maior ou menor valor ao papel social da mulher.

Como destacou Sacks (1979), mesmo nas sociedades sem classes, as mulheres não são completamente iguais ao homem o que revela a influência da natureza biológica feminina na atribuição de papéis para ambos os sexos.

O principal problema que se verifica nas sociedades com classes e que interfere negativamente na posição da mulher é que, por haver uma acentuada dicotomia entre as esferas da vida doméstica e da vida social, este *poder doméstico* atribuído às mulheres não é transferido para o poder social ou para sua posição na esfera pública. Sendo o *trabalho* social ou público a base fundamental para o *status* social adulto, pode-se afirmar que a sociedade excluiu as mulheres deste *trabalho* negando seu *status* social, permitindo à classe dominante defini-las como tuteladas dos homens (SACKS, 1979).

Concordando com a autora, observou-se que toda esta ideologia influenciou as normas legais e outros aspectos da vida das várias sociedades, baseadas em diferenças entre homens e mulheres e nos seus papéis na produção. Para provar a subalternidade da mulher, apelou-se para a religião, a filosofia, a teologia do mundo antigo, mas também à biologia, à psicologia e ao direito no mundo moderno.

Por esses motivos e levando em conta a afirmação de Beauvoir (1975, p. 9): segundo a qual "ninguém nasce mulher: torna-se mulher; nenhum destino biológico, psíquico ou econômico define a forma que a fêmea humana assume no seio da sociedade: é o conjunto da civilização que elabora esse produto intermediário entre o macho e o castrado que qualificam de feminino. Somente a mediação de outrem pode constituir um indivíduo como um *Outro*". Desde o nascimento as mulheres foram submetidas ao processo de inculcação-socialização. A partir do momento em que ocorreram as mudanças econômicas, estas provocaram profundo impacto na vida de mulheres e homens, segundo a classe social, o nível de renda e a região geográfica. O impacto foi ainda maior na vida das mulheres também afetadas segundo a idade, o estado civil e o tamanho de sua família.

Nas sociedades do mundo antigo, o tratamento que se dava às mulheres diferia pouco: eram definidas sempre em relação ao homem; eram consideradas essencialmente pela capacidade de serem mães, o mesmo acontecendo quase que na totalidade das sociedades humanas anteriores à emancipação das mulheres no mundo industrial contemporâneo.

No sistema feudal, o Estado e a Igreja, amplamente ligados, ainda não haviam se constituído como organismos distintos; a Igreja, como parte integrante do sistema feudal, defendia, além do seu, os interesses das classes dominantes.

A ajuda espiritual que a Igreja proporcionava era, na verdade, ideológica, própria à manutenção daquela realidade; os clérigos eram os agentes ideológicos do sistema. Uma vez que detinham o monopólio do saber e da escrita, pensavam a humanidade, a sociedade e a Igreja idealizando também o modelo feminino. Apesar de considerá-las um sustentáculo importante para sua política pastoral, lançaram mão das teorias de Aristóteles e São Tomás de Aquino, entre outros pensadores, para confirmar a debilidade da mulher e sua submissão ao homem.

Mas era uma época de mudanças na sociedade, e eram numerosas as cidades. Ao lado das relações feudais, desenvolviam-se relações determinadas pela economia mercantil e monetária; conseqüentemente, novas formas de poder e cultura se impunham ao lado das formas tradicionais ditadas pelos senhores e pelo clero. Esta sociedade em constante transformação também alterou a vida das mulheres, principalmente na definição do *trabalho* e seu *status* na sociedade.

De acordo com Farge e Davis (1991), no início do século XVI, muitas mulheres exercem atividades importantes na empresa familiar; sua autoridade era reconhecida por serventes, aprendizes e jornaleiros. A maior parte do comércio nas feiras e mercados estava sob o controle das mulheres, além disso, exerciam atividades profissionais independentes, como as de parteira, ama-de-leite ou médica sem título, entre outras atividades.

Mulheres e homens realizavam os mesmos serviços, mas aos poucos as tarefas foram sendo divididas segundo o sexo. Conforme Tosi (1991, p. 31), a crescente separação entre tarefas femininas e masculinas foi conseqüência não só de mudanças econômicas e políticas mas também "da preocupação com a ordem pública, a propriedade e o decoro, tornando-se a família patriarcal como o principal agente da ordem social".

Nesse período de intensas transformações, ocorreu uma gradual desvalorização do *trabalho* feminino, de tal forma que a partir do século XVII as mulheres com atividades fora de casa eram predominantemente empregadas domésticas.

Mesmo sendo confinadas ao lar pela ideologia que neste momento se impunha, continuavam desempenhando as mesmas tarefas que exerciam nos séculos anteriores tanto na cidade como no campo, e a partir do século XIX também nas fábricas. Mas o faziam por razões de ordem econômica pois se considerava que desta forma traíam o próprio destino biológico. O *trabalho* da mulher era considerado inferior ao realizado pelo homem porque a ele era destinado prover o sustento da família, conferindo à mulher a condição de mão-de-obra barata.

Enquanto as meninas das classes altas eram considederadas economicamente dependentes do homem que controlasse sua vida, as mulheres das classes trabalhadoras tinham que trabalhar para o seu sustento, fossem elas solteiras ou casadas. Apesar de trabalhar para seu sustento, a sociedade não concebia que vivessem com total independência, e isto constituía um fator determinante da diferenciação salarial: os salários femininos eram inferiores aos masculinos por se conceber que o homem lhes proporcionava teto.

A esse respeito, Tosi (1991) afirma que os séculos XVI e XVII foram marcados por mudanças econômicas, políticas e ideológicas, que interferiram consideravelmente na vida de homens e mulheres, contudo, a família representava, para as autoridades, a instituição de controle social e os homens, chefes de família, as pessoas mais indicadas para exercer esse controle.

Do século XII ao século XVIII, há um amplo debate entre homens e mulheres, ligado ao clima de instabilidade sociopolítica e de deterioração dos quadros de referências no momento em que o modelo eclesial se fende em redes de espiritualidade nas quais o Estado se apóia, sobretudo no século XVIII. De acordo com Farge e Davis (1991, p. 11), "da Reforma à Contra-Reforma, vão se desenhar espaços novos; falar-se-á em 'querela das mulheres' ou da 'guerra dos sexos' ".

De acordo com Hufton (1991), apesar dos debates e de ser uma época de mudanças, em relação ao papel da mulher na sociedade houve pouco progresso;

independentemente de sua origem social, a partir do momento em que nascesse de um casamento legítimo qualquer menina passava a ser definida por sua relação com um homem, primeiro o pai e depois o marido, que eram legalmente responsáveis por ela aos quais deveria honrar e obedecer.

Vê-se, pois, conforme Hufton (1991, p. 69), que fora da família e dos papéis estabelecidos de filha, esposa e mãe, sem a proteção do homem, a mulher vivia em condições muito difíceis, além disso, não tinha autonomia nem reconhecimento perante a sociedade, assim "a longo prazo e em número crescente foram as mulheres, que não se conformavam com os tipos de papéis que lhes eram impostos, que acabaram por forçar o ritmo das mudanças".

2.3 Início da preocupação com o saber feminino

Paulatinamente as mudanças foram ocorrendo; a sociedade em transição debatia as relações de gênero, e as mulheres, não satisfeitas com o modelo que lhes era imposto, começaram a se manifestar. Alguns pontos cruciais, como a educação das meninas, passam a fazer parte das idéias dos pensadores ligados aos dois movimentos que dominavam o século XVI: o Humanismo e a Reforma.

Lutero esperava que todos, homens e mulheres, recorressem às Escrituras, e, portanto, deveriam saber ler. Porém, ao mesmo tempo que incentivava a multiplicação de escolas para ambos os sexos, valorizava um modelo familiar patriarcal que subjugava a esposa.

A Igreja Católica posiciona-se de modo semelhante ao dos protestantes quanto ao ensino feminino, colocando a tônica na instrução das crianças. Os reformadores católicos vêem a menina como futura educadora, que teria um papel fundamental na ação pastoral, na reconquista religiosa e moral da sociedade em seu conjunto; a educação da menina visava formar boas mães cristãs.

O Iluminismo acreditava na Pedagogia pelo poder de moldar um ser social despojado de preconceitos antigos e revestido de novos princípios. Mais uma vez a mulher, no seu papel de mãe, é vista como primeira educadora, admitindo-se, então, a reforma da instrução feminina que até aquele momento, apesar de promover democratização do *ler, escrever e contar*, concedia às meninas um saber incompleto.

Rousseau, em sua obra *Emílio ou da Educação* (1968), dedica o quinto livro a Sofia, companheira para Emílio. Apesar do avanço de suas idéias sobre educação, no que se refere à educação da mulher e do papel desta na sociedade não há avanço, pois admite a inferioridade feminina, à medida que propugna uma educação com a finalidade de torná-la uma presença agradável aos que com ela conviviam, apenas para o prazer e o bem-estar do marido e dos filhos. Observa-se, talvez, até um retrocesso, pois tira a importância da sua ação como educadora, colocada, por exemplo, pelos pensadores cristãos.

De suas idéias emanam também o conceito de cidadão. Para Rousseau, segundo Dallari (1984, p. 61) no século XVIII "a designação de cidadão só deve ser dada às pessoas que participam da autoridade soberana e que, desse modo, dão seu consentimento às leis". Tal designação exclui as mulheres. Esta posição é coerente com a visão do papel da mulher naquela sociedade e, conseqüentemente, da educação para a mulher.

O único que colocou a mulher em posição de igualdade com o homem foi Condorcet, ao propor um projeto que reivindicava o caráter misto de ensino em nome da igualdade dos sexos e defendia o direito das mulheres à plena cidadania, mas suas idéias não tiveram adeptos.

Apesar das discussões e propostas educacionais femininas, as mulheres continuaram excluídas dos direitos e funções públicas ou políticas, confinadas ao espaço e saberes domésticos, com instrução de nível primário.

Heller (1992) aponta como explicação para a dificuldade de concretização dos processos de mudanças sociais a força das tradições, nas quais cada sociedade, em determinados momentos históricos, está mais ou menos envolvida, o que dificulta ou favorece as mudanças sociais. Isto se observou no passado e ainda hoje quanto às dificuldades de transformação, ou mesmo quanto às expectativas de mudanças da condição feminina, contudo, a reflexão e o confronto de idéias serão sempre o germe das transformações, como se constatará com relação às primeiras idéias feministas.

Pelos fatores já expostos, e que compõem, em cada sociedade a cultura responsável, historicamente, pela posição inferior da mulher, esta foi impedida de atuar na política e na vida pública por ser mulher e ter características próprias e, por conseguinte, diferentes das dos homens. Daí não ter conseguido mudanças significativas no que diz respeito a direitos e cidadania, como a entendida e aspirada hoje.

Estando sempre confinadas ao ambiente familiar e alheias às funções políticas, com pouca instrução, pouco as mulheres poderiam fazer, moldando-se às circunstâncias que lhes eram oferecidas.

Elas não podiam participar dos assuntos públicos porque faltaria-lhes tempo para desempenhar as funções a elas atribuídas por natureza, ou seja, cuidar da casa e dos *trabalhos* domésticos, além de dar início à educação dos homens. Esta condição *natural* das mulheres é que as privaram dos assuntos públicos, da vida pública e, conseqüentemente, dos direitos. Quanto a este aspecto, Groppi (1995, p. 15) pronuncia-se, fornecendo motivos para a exclusão das mulheres do terreno da cidadania:

> [...] *as mulheres não podem participar da esfera pública não porque são abstratamente incapazes, mas enquanto são 'por natureza' destinadas à esfera familiar e privada, para a qual possuem virtudes específicas. O apelo a uma natureza feminina intrinsecamente separada da masculina é um dos elementos em que se apóia a construção revolucionária da cidadania.*

Como Groppi (1995, p. 17) bem lembra, o próprio conceito de cidadania foi construído historicamente através da exclusão feminina. Com a Revolução Francesa estabelece-se, pela primeira vez na História, a Carta Constitucional, cuja universalidade buscava eliminar toda forma de desigualdade social. No entanto, traz essa contradição acerca da idéia de uma natureza feminina diferente da masculina, diferença esta que impedia de exercer plenamente a cidadania[2]. Afirma, então, que "a diversidade feminina é uma construção política e simbólica que serviu para reforçar a identidade masculina do poder".

Foi esta diversidade que levou algumas vozes femininas, como se verá a seguir, a se manifestarem contra a desigualdade de direitos para os dois sexos. Entre outras, Olympe de Gourges, na França, denunciou a parcialidade da Declaração dos Direitos do Homem e do Cidadão.

Conforma Groppi (1995), apesar de discriminar a mulher, as idéias iluministas exerceram grande influência

---

[2] Relembrando DALLARI (1984, p. 61): "Durante a Revolução Francesa passou-se a usar a palavra cidadão como demonstração de igualdade de todos: não havia mais nobres e plebeus, livres e escravos; havia apenas cidadãos. Mas a cidadania implicava vinculação jurídica a um Estado determinado. [...] Aos poucos foi sendo estabelecida uma distinção que até certo ponto reproduzia uma classificação do Direito Romano. Os cidadãos que tivessem o uso dos direitos políticos [...] foram classificados de 'cidadãos ativos'. Os demais ficaram na classe dos cidadãos, pura e simplesmente". Esta distinção é que excluía as mulheres, pois a elas não havia sido concedido os direitos políticos.

nos líderes da Revolução Francesa; aliadas à expansão do capitalismo, constituíram as bases da cultura de onde nasceu o feminismo como hoje é entendido. É importante refletir sobre o movimento feminista, pois este representou uma democratização da reflexão sobre os direitos da mulher, até então a preocupação de uma elite intelectual. Além disso, promoveu mudanças profundas na mente e no comportamento das mulheres e, conseqüentemente, na sociedade, tornando-se um movimento organizado com propostas de ação políticas. Daí sua maior importância: defender os direitos adquiridos e galgar outros que atendam à especificidade feminina, reivindicando uma efetiva cidadania.

A seguir serão apresentados os avanços e recuos pelos quais passou o movimento feminista mundial antes que este acontecesse no Brasil.

2.4 Raízes do feminismo mundial

Com a preocupação de mostrar a participação ativa que as mulheres tiveram na Revolução Francesa, resgatou-se a figura de Olympe de Gourges que, ao escrever a *Declaração dos Direitos da Mulher*, tenta denunciar a conotação parcial do sujeito masculino sugerindo que deveria haver " co-presença política e social de homens e mulheres e uma igual dignidade para os dois sexos" (GROPPI, 1995, p. 13).

Entre outras reivindicações, Olympe de Gourges colocava a tônica no direito ao voto, o direito de exercer uma profissão e o reconhecimento pela lei e pelo Estado das uniões de fato. Lutou ainda pela abolição dos escravos negros, contra a pena de morte e por maior atenção à maternidade, o que revela a consciência clara de que a Declaração dos Direitos do Homem pouco mudara a situação da mulher na sociedade da época, assim como não solucionaria problemas da sociedade em geral. Apesar da forte resistência masculina, foi inquestionável a conquista de alguns direitos que colocaram as francesas à frente das mulheres de outros países. Conforme Toscano e Goldemberg (1992, p. 18) afirmaram "a semente do feminismo estava plantada, criaram-se associações de mulheres revolucionárias".

De acordo com Groppi (1995), mostrando as sanções a que estavam sujeitas por protestarem contra sua exclusão do modelo de cidadania instituído pela Declaração dos Direitos do Homem e do Cidadão, em 1789, Olympe de Gourges, assim como outras 374 mulheres, foi guilhotinada, sob a acusação de ter querido ser homem e ter esquecido as virtudes próprias de seu sexo.

O movimento feminista não foi um movimento desligado dos debates políticos globais, do conjunto da sociedade. Foi estimulado por intelectuais de ambos os sexos e se impôs porque encontrou ressonância entre as mulheres dos diferentes estratos sociais, que aos poucos iam tomando consciência da sua inferioridade social e da possibilidade de mudar a realidade a que estavam submetidas.

Houve avanços após a Revolução Francesa, mas retrocessos em instâncias vitais à consolidação dos direitos políticos das mulheres, como, por exemplo, o direito ao voto; a França foi um dos últimos países da Europa a concedê-lo às mulheres e o fez apenas no fim da Segunda Guerra Mundial.

Em todos os momentos históricos, as mulheres trabalhavam, seja no campo, seja nas cidades, mas foi nas zonas industriais que o *trabalho* feminino contribuiu grandemente, sobretudo no desenvolvimento das indústrias têxteis européias. Mas foi neste setor que foram mais exploradas, pois elas representavam uma mão-de-obra muito barata, viviam e trabalhavam em condições desumanas. Mulheres, homens e até crianças foram explorados no século XVIII, com a expansão do comércio e com a industrialização.

No decorrer do século XIX, as diferenças de tratamento entre o homem e a mulher, no mercado de *trabalho* e no conjunto da sociedade, foram se tornando mais evidentes. Além dos salários menores, estas eram marginalizadas nos processos decisórios, nos locais de *trabalho*, nos sindicatos e nos partidos políticos. Aliado a isto, as mulheres eram ainda submetidas à dupla jornada de *trabalho*, à precariedade das leis de proteção à maternidade e à superexploração da sua força de *trabalho*.

De acordo com Groppi (1995), fato importante a ressaltar aqui foi o que deu origem à proposta de instituição do dia 8 de março como Dia Internacional da Mulher, incluído, em 1975, pela ONU em seu calendário oficial de comemorações. Nessa data, em 1875, 129 operárias de uma indústria têxtil de Nova York foram queimadas vivas na fábrica, por protestarem contra as péssimas condições de *trabalho* a que estavam submetidas. Elas reivindicavam igualdade salarial e redução da jornada de *trabalho* de catorze para dez horas.

Conforme afirmaram Toscano e Goldemberg (1992, p. 21), foram os primeiros a defender os direitos da mulher trabalhadora; "foram decisivas as formulações de Marx, Engels, Bebel e Lênin, relacionando a emancipação do proletariado à emancipação feminina".

A Primeira Guerra Mundial foi o marco no processo de incorporação das mulheres à sociedade. Passada a guerra, houve uma retomada das teses conservadoras, segundo as quais *lugar de mulher é no lar*, mostrando a manipulação que os governos faziam da participação feminina no mercado de *trabalho*.

As autoras ainda afirmaram que outro marco importante na história, que determinou uma mudança radical nas teorias até então sustentadas pela maioria das feministas da Europa Ocidental, foi a Revolução de 1917, com a instalação do regime socialista na União Soviética. Essa Revolução introduziu uma nova visão quanto à necessidade de transformações profundas nas estruturas de poder, principalmente nas relações de produção como condição para mudar a situação da mulher. Até então, as reivindicações, exceto as de tendência marxistas, não pressupunham mudanças radicais na estrutura da sociedade. Neste momento, nos anos de 1920, principalmente na Europa,

> *o movimento feminista se divide em duas linhas principais: as socialistas, que defendem a idéia de que só uma revolução que transformasse radicalmente a sociedade traria mudanças significativas para a mulher; e as conservadoras, que fazem de sua luta uma questão isolada do conjunto da sociedade, sua bandeira de luta era o direito ao voto e uma presença mais significativa da mulher em outras instâncias que não o lar (TOSCANO; GOLDEMBERG, 1992, p. 22).*

Mas o que se observa é que, tanto nas sociedades capitalistas quanto nas socialistas, se o que se pretendia era uma sociedade igualitária, com a emancipação feminina, como, por exemplo, avanços na legislação, isto não se concretizou. Nas sociedades socialistas houve avanços em questões cruciais à causa feminina, como o divórcio, o direito ao voto e ao livre exercício do aborto, mas logo prevaleceram forças conservadoras, radicais em questões como a moral, a família e o casamento. Na verdade, há uma distância entre as teorias e os fatos concretos, o que aponta para a grande dificuldade em se mudar padrões de comportamento e modos de pensar.

De acordo com Verucci (1977), com o início da Segunda Guerra Mundial e a crise mundial dos anos de 1930 há uma fase de marasmo nos movimentos sociais.

O foco das atenções e preocupações do mundo volta-se para a luta contra o fascismo e para as grandes alianças dos países que se opunham ao Eixo. Entretanto, nesta ocasião ocorreram mudanças, especialmente nos países que participaram da guerra. Mais uma vez as mulheres foram chamadas para substituir o homem e reforçar todos os setores dos países envolvidos; após ter servido como mão-de-obra substituta durante a guerra, uma contra-ideologia entra em cena, induzindo-as a se dedicarem apenas ao *trabalho* doméstico. Isto foi em vão, pois as mudanças em curso não mais retrocederam.

Uma nova sociedade estava sendo gerada no bojo dos acontecimentos, onde as mulheres desempenhariam um importante papel. As mudanças na sociedade terão um ritmo mais acelerado com a modernização e a partir daí as diferenças entre os sexos, no que diz respeito a direitos, serão mais evidentes. Este processo levará aos movimentos sociais (década de 1970) em favor da reivindicação pelos sujeitos sociais do *direito a ter direito* (DAGNINO, 1994).

No item a seguir, discorre-se sobre como se davam as relações sociais aqui no Brasil, enfatizando o papel social das mulheres desde os primórdios de nossa cultura com o objetivo de refletir se essa contribuiu para o exercício da cidadania, não só da mulher, mas do brasileiro em geral.

2.5 Aspectos da cultura brasileira influenciadores da discriminação da mulher no Brasil: influências recebidas da metrópole

Serão discutidos alguns traços característicos da cultura européia por se acreditar serem eles influenciadores dos costumes e da maneira de ser do povo brasileiro e, especialmente, das mulheres.

De acordo com Hollanda (1981), tanto a Espanha quanto Portugal têm aspectos culturais peculiares, diferentes dos de outros países europeus; desenvolveram a *cultura da personalidade*, uma importância particular ao *valor próprio da pessoa, à autonomia dos homens*. Tal valor é reconhecido à medida que o homem não necessite de ninguém o que leva à dificuldade na capacidade de organização social e de solidariedade.

Outra característica apontada por Hollanda (1981 p. 11) é a repulsa pela moral fundada no culto ao *trabalho*, diferentemente dos povos protestantes que preconizavam e exaltavam o esforço manual. Além disso "[...] a obediência aparece algumas vezes, para os povos ibéricos, como virtude suprema; essa obediência seria a obediência cega [...] a disciplina concebível para eles é apenas conseguida através da centralização do poder e da obediência".

Essas características, entre outras, são responsáveis pela dificuldade para o exercício da cidadania. Elas foram trazidas ao Brasil com a vinda do europeu e fortalecida pela ação dos jesuítas que, mediante a catequese, transmitiam os princípios de disciplina pela obediência, já que identificados com a política colonizadora de Portugal. Sua ação, que seguia a tradição da Metrópole, voltava-se a cultivar nas mulheres a inferioridade e a ignorância.

Estes aspectos culturais, ou seja, a concepção de *trabalho*, a dificuldade de organização e solidariedade e a obediência cega a um poder centralizado têm influenciado até na atualidade. Presentes em pensamentos e valores conservadores responsáveis por estereótipos e preconceitos, compõem a ideologia da sociedade patriarcal brasileira que discrimina a mulher.

Devido a esta herança cultural aliada a fatores políticos e econômicos, a mulher e os brasileiros em geral carecem de certos atributos, como o poder de solucionar problemas coletivamente, a maneira de ver o Estado e suas obrigações quanto às necessidades coletivas, pressupostos estes para o pleno exercício da cidadania, o que gera alienação e o seu reconhecimento como agente da sua história e dos acontecimentos históricos.

É preciso considerar também que a colonização portuguesa reuniu aqui três raças (português, indígena e negros) com culturas totalmente diferentes e incorporadas à colonização por meio da violência. Como Sodré (1944) enfatizou, os vínculos estabelecidos entre a população resultavam da relação de *trabalho* e produção baseada na escravidão o que levou à *distância social* entre as duas classes.

De acordo com Azevedo (1971), naquela sociedade agrária não havia exigências culturais, nem mesmo a dos conhecimentos mais elementares – ler, escrever e contar; os que recebiam ensino eram poucos e pertenciam à classe dominante. Além disso, neste sistema de relações o que prevalecia era a subordinação do escravo ou do semi-escravo ao seu senhor; a mulher branca era subordinada ao pai e ao marido e a mulher-escrava, instrumento das necessidades sexuais do seu senhor. A família colonial brasileira representava poder, obediência e coesão entre os dominados, fortalecida pela influência dos jesuítas.

Além disso, deve-se considerar que para cá vieram homens sós, que deixaram para trás a família, com a esperança de voltar à terra natal com uma posição financeira mais segura. Em vista disso, na formação brasileira, as relações familiares deixavam muito a desejar: predominava a promiscuidade com escravos, as relações sexuais irregulares, a indisciplina, disfarçada por meio da submissão e do autoritarismo.

As mulheres da casa-grande, sob a autoridade e comando do *pater famílias*, viviam enclausuradas; às filhas não havia outra perspectiva além do casamento ou do convento. Como se expressa Azevedo (1971, p. 20), elas "viviam entre os pais de uma severidade cruel e maridos ciumentos e brutais, dividindo o tempo entre o cuidado dos filhos, as práticas religiosas e os serviços caseiros [...]". De acordo com Saffioti (1969), o modelo feminino a ser seguido não diferia daquele reservado às mulheres da Metrópole, ou seja, um papel de inferioridade e ignorância.

Fora das classes superiores, nem o casamento fazia parte do ideário da menina, devido à impossibilidade do dote; por não conhecerem meios honestos de *trabalho* para sua sobrevivência, eram arrastadas à prostituição.

Esta era outra grave conseqüência da indisciplina geral dos costumes que predominou na sociedade colonial e que marcou a vida de muitas mulheres (AZEVEDO, 1971).

Neste ambiente de autoridade e hierarquia rígida, longe de promover a libertação da mulher, o jesuíta ensinou-a a submeter-se à Igreja e ao marido, em favor da Igreja, e conseguiu exercer uma influência e autoridade entre os oprimidos: a mulher, os filhos e os escravos, que buscavam alívio contra os excessos da autoridade patriarcal.

Conforme Azevedo (1971, p. 24), devido ao desinteresse pela ciência, a educação modelada pela metrópole permanecia fechada ao espírito crítico, de análise e pesquisa trazendo conseqüências negativas tanto para a população masculina infantil quanto para a população feminina, "apesar de representar uma força social construtiva por ter iniciado nas primeiras letras a população livre infantil".

Diante das contradições do sistema colonial e da desordem generalizada, um mal-estar começa a abalar a suposta estabilidade e equilíbrio daquela sociedade de tal modo que nos fins do século XVIII, multiplicam-se idéias reformadoras, brotam os conflitos que farão surgir um novo sistema, trazendo renovação nos quadros econômicos e sociais.

Mas essas idéias sobre independência ficaram restritas a pequenos grupos, em reuniões secretas, dos quais a mulher, mesmo das classes dominantes, não fazia parte, o que significou para ela uma barreira à conscientização dos problemas econômicos e políticos nacionais.

Vale ressaltar também a influência da ideologia revolucionária francesa; apesar da resistência das autoridades da época, esta foi adotada para as circunstâncias brasileiras. Conforme Prado Júnior (1963, p. 377), os ideais de *liberdade, igualdade e fraternidade* serão usados como lema a todos, " senhores de engenho, fazendeiros contra negociantes, mulatos contra brancos, pés-descalços contra calçados; brasileiros contra portugueses [...]. Faltou apenas 'escravos contra senhores', justamente aqueles a quem mais se aplicaria como lema reivindicador [...]"

Poderia ser acrescentado ainda à afirmação do autor, as mulheres, contra o regime de inferioridade, ignorância e clausura a que estavam submetidas. Mas, numa época em que a família representava a idéia mais normal de poder, obediência, respeitabilidade e coesão (embora falsa) entre os homens, dificilmente uma mulher iria contra sua situação naquela sociedade.

Prado Júnior (1963) argumenta que a concepção de *família* resultava em sentimentos gerais próprios à comunidade doméstica, particularista e antipolítica e servia de modelo à vida política nas relações entre governantes e governados. Como conseqüência, de acordo com Verucci (1977), esta família apresentava fortes restrições à evolução da sociedade, e a mulher atuava como "agente e paciente" de sua própria discriminação no papel de mantenedora do *status quo*.

Começam a ocorrer mudanças apenas no século XIX, quando o mundo rural se desintegrou e o processo de urbanização se intensificou; houve o crescimento das cidades e o aumento dos meios de comunicação. Embora inexistisse uma alteração profunda na posição social das mulheres, neste tempo de mudanças elas já não viviam reclusas e a vida nas cidades propiciava mais contatos sociais. Contudo, não se pensava em sua instrução; apenas no ideal de educação doméstica e no cultivo da conversação. É preciso relembrar que, se as idéias de mudanças emanavam da ideologia revolucionária francesa, pouco mudaria a posição social feminina, já que esta preconizava a inferioridade da mulher em relação ao homem.

Esboça-se, no século XIX, um movimento de descontentamento das mulheres brasileiras quanto ao seu papel na sociedade, e iniciam-se associações voluntárias de mulheres das classes superiores, que não concordavam com as imperfeições da sociedade. Elas realizavam um *trabalho* filantrópico fora do lar, mas não atraíam a atenção pública. De acordo com Hahner (1978, p. 46), na campanha abolicionista "suas ações refletiam a sua situação de subordinação na sociedade; levantavam fundos para libertar escravos, mas não se envolviam nos debates públicos sobre a emancipação".

Com as mudanças ocorridas no final do século XIX, importantes para a vida nacional, novos processos repercutem no seio da família e a vida feminina ganha novas dimensões decorrentes de sua atuação no mundo econômico. A partir do momento em que o sistema de segregação sexual e de reclusão da mulher no lar é minado, diminuem as diferenças de participação cultural desta em relação ao homem.

Houve então uma evolução da condição feminina no que diz respeito ao ajustamento da estrutura familiar às novas condições de vida urbano-industrial; torna-se crescente a necessidade da educação escolarizada para a mulher, mas ainda diferente da do homem. Não há ainda uma equiparação dos papéis tradicionalmente atribuídos a um e outro sexo; por outro lado, as diferenças começam a ser sentidas mais intensamente e se tornam mais visíveis à sociedade, como mostra Beauvoir (1970, p. 264) "os países latinos, como os orientais, oprimem a mulher pelo rigor dos costumes mais que pelo rigor das leis".

Os aspectos culturais de cada sociedade contribuem para a sua evolução e formação nos aspectos sociais e políticos. Nossa herança histórica privilegiou a obediência, a mansidão, a subalternidade, principalmente para a mulher; até hoje não foi possível desligar-se de tal herança. Contudo, acredita-se que a escola deva promover uma educação que leve à emancipação de ambos os sexos rompendo com os resquícios arcaicos de nossa cultura, que levam à alienação e à falta de visão crítica e política.

Concluídas as observações sobre os aspectos de nossa cultura que contribuíram para a discriminação da mulher brasileira, no item subseqüente far-se-á uma breve retrospectiva do movimento feminista no Brasil, analisando as mudanças organizadas que tiveram influências sobre as idéias e comportamentos das mulheres brasileiras. A década de 1980 será mais enfatizada, pois representou um marco quanto à cidadania da mulher, visto que solidificou a organização política do movimento feminista, cujo reflexo se fez sentir na sociedade em geral.

2.6 O movimento feminista no Brasil

O movimento feminista brasileiro foi um reflexo do que acontecia nas sociedades mais industrializadas da Europa e dos Estados Unidos, mas teve componentes particulares decorrentes de nossa própria formação histórica e de nossa dependência em relação aos centros hegemônicos a que se esteve ligado desde o início da colonização brasileira.

Como visto anteriormente, alguns dos aspectos de nossa cultura são os responsáveis pelo patriarcalismo, pelo paternalismo, pelo conservadorismo e pelo machismo brasileiros. Como elementos a favorecer estes aspectos, merecem destaque: "a escravidão, a tardia emancipação do centro de dominação, a influência da Igreja Católica como força política e instrumento de controle social" (TOSCANO; GOLDEMBERG, 1992, p. 25).

A primeira bandeira feminista foi levantada na segunda década do século XX e reivindicava o direito ao voto; tanto no Brasil como no resto do mundo, as mulheres foram excluídas da condição de eleitoras, mesmo nos países em que já se havia iniciado o processo de industrialização. Essa bandeira só havia sido levantada por uma ou outra mulher de idéias mais avançadas, da classe média e da burguesia, que tinha acesso ao noticiário internacional e para quem essa luta era uma demonstração de modernidade e progresso.

No Brasil, a primeira a se posicionar foi Nísia Floresta (1810-1885), precursora na história do feminismo brasileiro[3]. De acordo com Blay (1989, p. 12), em 1920, Diva Nolf Nazario mostra todos os preconceitos usados como argumentos para se negar direitos às mulheres, como o direito ao voto. Nem mesmo "o fato de ser advogada lhe garantiu o direito à plena cidadania".

Com a intensificação das relações internacionais por meio de viagens ao exterior e troca de correspondência com intelectuais estrangeiros das classes de renda mais alta e mais cultas, assim como com o fluxo migratório da Europa para o Brasil, novas idéias e doutrinas

---

[3] Segundo Blay (1989, pp. 9-10): "O Império Britânico na segunda metade do século XVIII se consolidava, ampliava, industrializava. Em todas as esferas do mundo sócio-econômico inglês vigorava plena divisão sexual, a atuação da mulher estava rigorosamente delimitada e vinculada à família [...] uma grande fronteira ideológica indicava o 'lugar' da mulher [...] No Brasil, os mesmos valores franceses e ingleses aqui se fixaram com a hegemonia econômica daqueles centros. No Rio Grande do Norte, uma jovem de 22 anos, Nísia Floresta, se insurgiu contra as limitações impostas à mulher e foi buscar, na sede do poder econômico e cultural, a cumplicidade de Mary Wollstonecraft [...] Nísia Floresta traduz o livro de Mary, *Vindication of the rights of women*, de forma livre".

vieram até nós no período entre o final do Segundo Reinado e a Primeira Guerra Mundial.

As mudanças ocorridas neste período trouxeram também as idéias feministas, presentes nos movimentos existentes na Europa e que reivindicavam maior participação da mulher na vida política e nos centros de decisão. Como expoente dessa luta no Brasil tem-se Bertha Lutz, que deu início ao movimento de uma forma organizada, trazendo em seu bojo as idéias e predisposições das mulheres brasileiras.

De acordo com Toscano e Goldemberg (1992, p. 25), Bertha Lutz, nascida em São Paulo em 1894, era filha de Adolfo Lutz, renomado médico e cientista brasileiro de origem suíça. Contrariando o modelo tradicional de família brasileira, sempre foi estimulada a estudar e trabalhar. Representando o modelo ideal para promover e liderar o movimento das mulheres brasileiras, já sensibilizadas com relação às discriminações que sofriam, tornou-se uma das primeiras líderes feministas do País.

As autoras afirmam que, no Brasil, o intervalo entre as duas grandes guerras mundiais foi um período de grandes transformações de ordem política e social. Houve um intenso intercâmbio de idéias, polêmicas e discussões sobre os rumos da sociedade brasileira, tais como: a criação do Partido Comunista Brasileiro (1922), O Tenentismo (1922 - 1924), a Semana de Arte Moderna (1922), a Coluna Prestes (1924-1927), a Revolução de 1930, assim como o processo de industrialização.

A presença crescente da mulher no mercado de *trabalho*, sua entrada nas escolas superiores, ainda que em número reduzido, e sua participação nos círculos intelectuais eram evidentes, mas havia resistência por parte do Congresso quanto ao voto feminino, apesar de as feministas já terem o apoio de muitos homens públicos, deputados, senadores e jornalistas. Como Toscano e Goldemberg (1992, p. 27) afirmam, "os discursos dos congressistas contra o reconhecimento do direito da mulher ao voto tinham como eixo a tese de que a família estaria ameaçada de extinção caso tal direito fosse aprovado [...]", mostrando a visão paternalista e autoritária dos legisladores da época.

Ainda conforme as autoras, as reações conservadoras não conseguiram deter as mudanças. A influência dos modelos importados de países de sistema capitalista se fez cada vez mais presente, afetando diferentes instâncias da sociedade e da família. Assim, em 1932 foi aprovado o direito ao voto e em 1943 a legislação trabalhista de proteção ao *trabalho* feminino, com a consolidação das leis do *trabalho*. São criadas, também neste período, associações, ligas e clubes, com o objetivo de discutir a participação da mulher e de como promover sua emancipação. Essas organizações não defendiam a contestação ou mudanças estruturais na sociedade, limitavam-se à conquista de novos espaços no mercado de *trabalho* para a mulher e à luta pela igualdade entre os sexos.

A partir dos anos de 1960, inspirada na obra de Simone Beauvoir, *O Segundo Sexo*, observou-se uma verdadeira renovação na literatura feminista, mais consciente, mostrando os avanços e estagnações que se procederam após os movimentos feministas (Beauvoir 1970, p. 14). A autora argumentava que mulheres e homens nunca partilharam o mundo em igualdade de condições inclusive no âmbito legal, afirmando que "mesmo quando os direitos lhe são abstratamente reconhecidos, um longo hábito impede que encontrem nos costumes sua expressão correta".

No Brasil vê-se crescer a produção teórica sobre a condição feminina. Conforme Toscano e Goldemberg (1992), em 1967, Rose Marie Muraro lança *A mulher na construção do mundo futuro*; em 1969, a professora Heleieth Saffioti lança o livro *A mulher na sociedade de classes*: mito e realidade; em 1974, a jornalista Heloneida Stuart escreve o livro *Mulher, objeto de cama e mesa*. As revistas femininas também começam a modificar o conteúdo de suas matérias questionando o paternalismo e machismo brasileiros. No teatro, a partir da peça *Homem não entra*, com Cidinha Campos, em 1975, houve debates públicos acompanhando a estréia de peças de teatro e filmes com a temática feminina; surgem jornais feministas e a imprensa alternativa, não feminista, mostrou-se sensível à questão da mulher brasileira. Pode-se afirmar que nos anos de 1970 houve uma reviravolta no movimento feminista, passando este para questionamentos mais abrangentes e com postura mais crítica.

De acordo com as autoras, em 1972, com o Conselho Nacional de Mulheres do Brasil, é realizado um congresso do qual participaram representantes de várias instâncias da sociedade ao lado das feministas com posições de esquerda. A partir desse congresso, a tônica passou a ser questões jurídicas que afetavam a mulher, incorporadas mais tarde ao Código Civil, como o princípio de igualdade entre o marido e a mulher no casamento e a introdução do divórcio na legislação brasileira.

Em 1975, as feministas iniciam o *Movimento feminino pela anistia*, no Ano Internacional da Mulher, mobilizando a opinião pública contra as arbitrariedades do governo militar. Viu-se, neste período de repressão política, as mulheres tomando uma posição efetiva e se insurgindo contra àquela política, exercendo seu direito de cidadania.

Outro marco importante de reflexão sobre as discriminações a que estavam sujeitas as mulheres brasileiras foi a instalação, no Congresso Nacional, de uma Comissão de Inquérito para examinar a situação da mulher em todos os tipos de atividade, preparando, dessa forma, o terreno para as medidas tomadas a partir dos anos de 1980. Vale destacar, posteriormente, o *trabalho* da Comissão Especial de Inquérito da cidade de São Paulo.

Toscano e Goldemberg afirmam ainda que a temática feminina foi sendo incorporada pelos meios de comunicação: livros, televisão, teatro, rádio passaram a discutir temas até então proibidos. Pelo poder que a televisão exerce sobre uma parcela da sociedade que não tem acesso a outro meio de informação, e pela amplitude de sua ação, a partir deste momento as idéias, os direitos da mulher, sua situação de desigualdade e inferioridade na sociedade chegaram a muitos lares em diferentes regiões do País. Assim, o debate não ficou restrito às elites, dando um novo impulso ao movimento.

Apesar da década de 1970 ter sido importante para a causa feminina, quando o movimento feminista assume uma postura mais crítica, fazendo questionamentos mais abrangentes sobre a sociedade, deter-se-á mais na década de 1980, embora reconhecendo que os dois momentos foram especiais para a cidadania da mulher.

2.7 Década de 1980: contribuição para a cidadania da mulher

Os anos de 1980, foram palco de acontecimentos importantes na vida nacional, como as campanhas pela Constituinte e por eleições diretas. Os anseios por uma sociedade democrática tornam-se mais emergentes, após anos de luta e sofrimento causados pelo regime militar. Os movimentos feministas também passaram, como todo o País, por uma fase de reestruturação, com a renovação político-partidária, o surgimento e o fortalecimento de inúmeros canais de participação social, a proliferação de organizações não-governamentais, a criação de centros de pesquisas voltados para a questão da mulher, entre outros.

Neste momento, o movimento feminista viu-se diante de uma dupla exigência: em primeiro lugar, munir-se de instrumentos sólidos que lhe garantissem permanência, continuidade e maior rapidez de ação; em segundo lugar, promover o diálogo com as mulheres das camadas populares, até então indiferentes, quando não hostis, às propostas do movimento. É desta necessidade que emergem as organizações não-governamentais (OLIVEIRA, 1987). Coincidentemente, observou-se uma desmobilização política, um retraimento de todos os movimentos sociais organizados[4], apesar dos momentos importantes acima citados. O feminismo deixa de ser algo praticado em grupos reduzidos e específicos, tornando-se mais difuso. Conforme Toscano e Rosemberg (1992), muitas feministas passaram a militar em partidos, foram trabalhar em algumas organizações não-governamentais ou dedicaram-se à produção teórica nas universidades. Organizações feministas foram sendo desativadas, perdendo o peso que tiveram na década de 1970. Foram criados então os Fóruns feministas, sem a estrutura e organização das associações da década de 1970 que reuniam militantes de diferentes tendências e eram

---

[4] CARDOSO (apud DAGNINO, 1994, p. 81) chama a primeira fase dos movimentos sociais, no Brasil (década de 1970 e início da década de 1980) de "a emergência heróica dos movimentos". Na segunda fase, afirma que houve a institucionalização da participação dos movimentos e da relação desses movimentos com o Estado (nos primeiros anos da década de 1980) provocando um refluxo de movimentos.

os órgãos de maior representação do movimento autônomo de mulheres nos diferentes Estados onde atuavam.

De acordo com as autoras, uma das grandes discussões que fazia parte do debate das feministas a partir dos anos de 1980 dizia respeito à criação, dentro do aparelho do Estado, de órgãos voltados para a defesa dos direitos da mulher. Uma parte do movimento considerava um risco que poderia desvirtuar todo o *trabalho* já realizado pelas bases autônomas de mulheres bem como levaria ao esquecimento do pressuposto do *trabalho* feminista segundo o qual a integração plena da mulher à sociedade e a plena igualdade só seriam alcançados com uma mudança radical de toda a sociedade. Havia os grupos que defendiam a adoção de políticas mais realistas, que acreditavam que a participação crescente das militantes feministas no sistema de poder seria a única opção que permitiria às mulheres condições imediatas de se integrarem plenamente à sociedade em igualdade com homens, pois só o Estado disporia de recursos suficientes para implementar projetos de ação mais ambiciosos.

Neste momento, o feminismo brasileiro passa para uma nova fase. Começam a ser criados, nas universidades, os centros de estudos sobre a mulher, com temáticas exclusivamente femininas. Há uma reflexão sobre os debates empreendidos na década de 1970, já que a década das Nações Unidas para as mulheres estava sendo concluída em 1986, conforme se depreende das palavras do Secretário-Geral das Nações Unidas, Javier Perez de Cuellar: "Ao concluir a década das Nações Unidas para as mulheres, estamos comprometidos com novos objetivos e estratégias detalhadas que assegurem um futuro de plena igualdade para o homem e a mulher e em que o espírito da década se mantenha para o ano 2000 [...]".

A *Convenção sobre a eliminação de todas as formas de discriminação contra a mulher* tinha sido firmada em 1967, pela ONU, e foi ratificada em 1981 pelo governo brasileiro. Nessa convenção, os países integrantes comprometem-se a envidar esforços no sentido de eliminar todas as restrições existentes contra a mulher trabalhadora. Assim, foi se ampliando cada vez mais a participação da mulher em redutos antes exclusivamente masculinos, inclusive nas forças armadas: as polícias civil e militar começam a aceitar mulheres em seus quadros a partir de 1980.

Merece destaque especial, o importante *trabalho* realizado pela Comissão Especial de Inquérito, que investigou as discriminações contra a mulher na cidade de São Paulo, instalada na Câmara Municipal em 08 de março de 1984, e presidida pela Vereadora Irede Cardoso, do PT (SÃO PAULO, 1987). Neste momento em que mulheres de diferentes camadas sociais uniram-se no objetivo de desmascarar uma sociedade que não se preocupava com os graves problemas pelos quais as mulheres passavam, o exercício da cidadania já se fazia presente no cotidiano daquelas mulheres.

Pode-se observar que, além dos vereadores integrantes da comissão, dos colaboradores para a Assessoria Política, Equipe de Redação, edição etc, houve a participação do Grupo de Mulheres de São Mateus, da Casa da Mulher do Grajaú, da Associação das Donas de Casa, da Associação Feminina da Zona Norte e do Serviço de Orientação à Família-Leste, mostrando que as mulheres da periferia da cidade de São Paulo também estavam empenhadas na luta por denunciar a opressão e exploração a que estavam submetidas.

Dentre as conclusões resultantes das investigações, presentes no Parecer nº 431/85, durante a 297ª Sessão Ordinária da 9ª Legislatura 3ª Sessão Legislativa de 17 de setembro de 1985, está a criação do movimento em favor da melhoria das condições de vida na sociedade e também o relato da situação em que se encontrava a relação homem-mulher. Ainda nas conclusões consta a afirmação da presidente da Comissão, dizendo que "esta CEI foi fruto da reivindicação de inúmeros grupos organizados de mulheres e também em conseqüência das centenas de mulheres que acorreram ao nosso gabinete para expor seus dramas pessoais". Além disso, afirma o que o envolvimento nesse processo provocou "Ao cuidar do problema da creche, do esgoto, da saúde da população, do asfalto, da profissionalização das mulheres, do conhecimento de seu corpo etc, a mulher vem crescendo politicamente"(SÃO PAULO, 1985).

Na introdução do documento, a presidente da Comissão de Inquérito coloca pontos cruciais, como a importância da participação para o crescimento político da mulher, especialmente a da periferia. Continuando, Cardoso (1985) mostra a consciência que as mulheres tiveram do poder do sistema, da ideologia dos grupos dominantes da nossa sociedade, os quais consideravam os problemas femininos de ordem privada, e não político.

Essa constatação vem corroborar com o que foi dito anteriormente: os poderes econômicos e políticos, aliados a fatores de ordem cultural irão determinar a ideologia que, em maior ou menor grau, irão separar os dois sexos, inferiorizando a mulher e seu papel na sociedade.

A consciência de que o problema da mulher demandava uma contestação da própria sociedade é constatada por Cardoso (1985) ao afirmar que ao lutar pelo relacionamento democrático entre homens e mulheres, as feministas trouxeram à tona que o sistema autoritário forçava os seres humanos a se oprimirem mutuamente.

Foram também abordados temas sobre violência contra a mulher, como na Sessão de 29 de março de 1984, a que compareceram famílias de mulheres vítimas de violência e estupro. Outros temas foram: aborto; planejamento familiar; a discriminação no *trabalho*, denunciando o salário menor para a mulher em relação ao homem no desempenho da mesma função e a dupla jornada de *trabalho* mostrando que, em grande número, era a mulher a chefe da família. E ainda afirmaram, na sessão de 14 de setembro de 1984, que "conscientizando-se desta realidade, podem, unidas, interferir nos projetos do governo, eleger candidatos e reivindicar o que lhes é de direito, além de manter e defender o que já conquistaram". Por trazer o debate sobre todas as questões femininas, no que diz respeito ao *trabalho* da mulher, foi abordada também a problemática das mulheres negras e deficientes físicas abordando a discriminação no *trabalho*, a educação, saúde etc. e foi proposto, para que as mudanças se efetivassem, que:

> *O Poder Público Municipal, através de suas Secretarias, deve estimular debates periódicos sobre a questão da situação da mulher entre os funcionários.*
>
> *A Secretaria da Educação deve ser utilizada como meio fundamental para instalar o debate entre docentes e pais de alunos, de forma que as conclusões sejam aplicadas no ensino.*
>
> *Fortalecimento da organização das mulheres, com o objetivo de interferir nos projetos de Governo, na eleição de candidatos, e para que haja defesa e conquista de seus direitos. Criação de entidades femininas dentro dos Sindicatos, ou então, qualquer órgão que encaminhe o problema específico da mulher, dentro dos Sindicatos, que estimule sua organização para que ela defenda seus interesses contra os abusos das empresas e contra a indiferença dos homens que fazem parte dos sindicatos"* (Comissão Especial de Inquérito, 1984).

Pode-se ter idéia das dificuldades existentes para se tratar da problemática feminina, inclusive nos sindicatos, por exigir uma conscientização do companheiro homem assim como de toda a sociedade acerca da grandeza da luta das mulheres, das dificuldades e preconceitos que as impediam de ter uma participação política mais ativa e inclusive buscar a solidariedade de outras mulheres.

Na sessão do dia 08 de março de 1984, Maria Luiza Eluf, representante da Casa da Mulher, fez referência a um *trabalho* elaborado em 1979, pela Pró-Mulher, e que versava sobre a discriminação da mulher nos livros didáticos. Analisou a forma como a mulher era apresentada nos mesmos, denunciando que a mesma moral social repressiva e totalmente dicotômica do passado continuava até aquele momento. As professoras, 99% no primeiro grau, ensinavam toda aquela ideologia sem criticar ou até mesmo questionar, a respeito, com as crianças. Em vista disto, questionou-se a forma pela qual a criança era preparada para assumir seu papel na sociedade.

Maria Amélia Goldemberg, diretora da Fundação para o Livro Escolar, órgão vinculado à Secretaria da Educação, relatou que ao longo do *trabalho* da entidade, em 1983, ficou claro que existia um complô de silêncio na Rede de Ensino acerca da problemática do livro escolar. Até 1997, não se observou uma mudança efetiva quanto a esta questão, na escola: o *silêncio* continuou.

Esta CEI, que investigou discriminações contra a mulher na cidade de São Paulo, abordou ainda, inclusive com depoimentos pessoais, a mulher na política, o partido político e a mulher, a saúde da mulher, violência contra a mulher, o papel dos meios de comunicação, o preconceito em relação às mulheres feministas. Participaram também deste processo, Eva Blay, Zulaiê Cobra Ribeiro, Luiza Erundina de Souza entre outros nomes ligados à problemática da mulher na cidade de São Paulo.

Considera-se relevante colocar também o depoimento da Presidente da Comissão de Justiça e Paz de São Paulo, Margarida Genevois, sobre a CEI (1984) e sobre a conscientização das mulheres, no que diz respeito à valorização de seu papel na sociedade:

> *O trabalho da Comissão não é especificamente feminista, embora seja feminista, por lutar por uma sociedade melhor; as mulheres ainda não tomaram consciência de seu próprio valor. A maioria foi moldada em sua cultura, desde o nascimento, de que o mundo deve estar a serviço do homem. Daí decorre a dificuldade de elas terem consciência do próprio valor, não em oposição ao homem, mas para, junto dele, desempenhar o papel específico de transformar a sociedade no que ela tem de injusto e opressivo.*

Acredita-se que esta dificuldade ainda persista e ainda mais no referente ao expresso por uma professora em seu depoimento:

> *Somos educadas para sermos 'moças finas' e isto significa não nos colocarmos, não falarmos, não ocuparmos o nosso lugar enquanto trabalhadoras. A greve dos professores do início de 84 demonstrou*

> *que a categoria teve coragem e aí estavam incluídas as mulheres. Porém, quando se trata de problemas específicos, não vemos a mulher professora se colocar com força, coragem e convicção. Sentimos a influência daquela educação que diz que temos que ser 'moças finas'* (IRACEMA, 1985).

Este relato retrata o que se procura mostrar neste *trabalho*: parece persistir ainda hoje a ideologia denunciada na década de 1980 pelas feministas, e que dificulta o exercício da cidadania.

Como dito anteriormente, a *Convenção sobre a eliminação de todas formas de discriminação contra a mulher* (CEDAW), promulgada em 1979 pela ONU e ratificada pelo governo brasileiro em 1981, foi uma grande conquista, pois representou a materialização no plano das superestruturas, a inovação das leis, produção científica e acadêmica, programas partidários, moral e costumes. Contudo apesar do comprometimento do Governo brasileiro, este pouco cumpriu das leis que foram aprovadas com a *Proclamação Universal dos Direitos da Mulher*. Não obstante isto, não estava havendo pressão, por parte das mulheres que trabalharam, no sentido do que as recomendações, tais como: ampliação de oportunidades e empregos em que não fossem discriminadas, reconhecimento da maternidade e do *trabalho* doméstico como função social etc., fossem cumpridas.

As feministas reconheciam que as idéias libertárias contra as formas de discriminação à mulher sempre sensibilizaram, mas até então não tinham conseguido criar raízes no social, principalmente entre as mulheres pobres, operárias, lavradoras, donas de casa etc. Além disso, conforme Moellwald (1987), a década de setenta foi fértil na gestação de novas propostas e palavras de ordem, na de oitenta está se abrindo mão da busca das respostas. Faltam explicações e razões para o tamanho da distância entre essas idéias e sua capacidade de transformar o cotidiano [...]" (RELATÓRIO... ,1987).

Diante do não cumprimento das leis e recomendações feitas aos governos que se comprometeram em acatá-las, ocorre a *I Jornada do Comitê das Nações Unidas no Brasil contra a Discriminação à Mulher* (CEDAW), cujo objetivo seria o debate acerca de novas estratégias para a divulgação e aplicação da proposta da Convenção no Brasil, sob a coordenação geral da Deputada Estadual Ruth Escobar realizada, de agosto a setembro de 1987, em São Paulo. Além das autoras citadas, destaca-se também no processo, a participação de Florisa Verucci, Rosiska Darcy de Oliveira, Ana Maria Wilheim.

As reflexões e debates visaram, além do exposto acima, fazer um balanço das conquistas do feminismo, que resultaram em artigos como: *A mulher e o trabalho no Brasil: realidade e contradições; A violência contra a Mulher em questão na sociedade brasileira; O movimento de mulheres e o Estado: interações; Movimento social e partidos políticos: o informal e o formal na participação política das mulheres; A legislação brasileira à luz da convenção sobre a eliminação de todas as formas de discriminação contra a mulher; Reflexões sobre os avanços no plano da infra-estrutura de apoio social: a situação das creches.*

Na conclusão do artigo *Movimento social e partidos políticos*, Barsted (1987, p. 9), argumenta que havia, no momento, uma aceitação a demandas do movimento de mulheres, pelos meios de comunicação, partidos políticos, o Estado e a sociedade em geral, mas advertia:

> *Essa permeabilidade expressa-se muito mais na retórica do que em ações concretas [...] Esse fenômeno não ocorre apenas com relação ao movimento das mulheres. É tradição do Estado brasileiro assinar todas as convenções internacionais de apoio a políticas de direitos humanos, de igualdade sexual e racial. O grande desafio dos movimentos sociais e de uma proposta de construção do Estado democrático é passar da retórica para a implementação de políticas públicas e práticas sociais capazes de atuar como mobilizadoras da participação social e política de setores que tradicionalmente se mantiveram alijados das esferas políticas de decisão* (BARSTED, 1987).

A autora e a jornada pretendiam debater e reivindicar o que não havia sido cumprido, apesar de reiterado, pelo Governo Brasileiro. No que diz respeito à educação e profissionalização da mulher, na Parte III, artigo 10 da Proclamação Universal dos Direitos da Mulher de 1979, consta:

> *Os Estados Partes adotarão todas as medidas apropriadas para eliminar a discriminação contra a mulher, a fim de assegurar-lhe a igualdade de*

direitos com o homem na esfera da educação e particular, para assegurar, em condições de igualdade entre homens e mulheres:
a) As orientações em matéria de carreiras e capacitação profissional, acesso aos estudos e obtenção de diplomas nas instituições de ensino de todas as categorias, tanto em zonas rurais como urbanas, devendo essa igualdade ser assegurada na educação pré-escolar, geral, técnica e profissional, incluída a educação técnica superior, assim como todos os tipos de capacitação profissional.
b) A eliminação de todo conceito estereotipado dos papéis masculino e feminino em todos os níveis e em todas as formas de ensino mediante o estímulo à educação mista e a outros tipos de educação que contribuam para alcançar este objetivo e, em particular, mediante a modificação dos livros e programas escolares e adaptação dos métodos de ensino.

Estes dois itens da Declaração foram destacados porque, propostos em 1979, ratificados pelo Governo Brasileiro em 1981, colocados no Debate das Escolas Públicas, em 1987, sobre o papel da mulher na sociedade, ainda hoje não há qualquer ação efetiva no cotidiano das escolas públicas, principalmente de educação infantil e ensino fundamental, apesar de atualmente a questão de gênero estar contemplada nos Parâmetros Curriculares Nacionais (BRASIL, 1997).

Em 1983 começam a ser criados os Conselhos Estaduais e Municipais, visando traçar políticas e programas de ação voltados para a integração plena da mulher na sociedade. O primeiro foi o Conselho Estadual da Condição Feminina de São Paulo em setembro de 1983, tendo como primeira presidente Eva Blay; em 1985, foi criado o Conselho Nacional dos Direitos da Mulher cuja primeira presidente foi Ruth Escobar; em 1987, já havia o Conselho Nacional dos Direitos da Mulher sob a presidência de Jacqueline Pitanguy em Brasília, oito Conselhos Estaduais e treze Conselhos Municipais no Brasil.

Para mostrar que também o interior do Estado estava comprometido com a campanha feminista, além de participar desta 1ª Jornada do CEDAW e em outros eventos, desempenhava um intenso *trabalho* no sentido de conscientizar as mulheres e promover a participação feminina no debate sobre mudanças necessárias na Constituinte, coloca-se a seguir fragmentos de notícia no jornal da época (MARÍLIA..., 1986).

> *A cidade de Marília teve uma participação de destaque neste evento, sendo que uma comitiva composta por quinze mulheres de diversas áreas de atuação, coordenadas pela equipe de trabalho que realiza semanalmente (aos domingos) o programa Rádio Mulher composta por Lourdes Marcelino, Sonia Grácia e Simone Nasar, esteve presente nas solenidades e grupos de estudos realizados neste dia. Em Marília, as reivindicações são*

> *no sentido de conseguir-se a criação do Conselho Municipal da Condição Feminina, criação da Delegacia da Mulher, por mais creches, pela criação também da Casa da Mulher e pela união de todos na construção de uma sociedade mais justa.*

Das reivindicações das feministas marilienses, foram implantados o *Conselho Municipal da Condição Feminina*, em 4 de abril de 1986, sendo a primeira presidente Lourdes Marcelino Machado; e a *Delegacia da Mulher*, em 1987, sendo a primeira delegada Rossana Camacho, até hoje no cargo.

Outro momento que merece ser destacado, pela importância à causa feminina, é a *Campanha pela Constituinte*, ocasião em que o Conselho Nacional dos Direitos da Mulher lançou uma campanha nacional no sentido de levantar a discussão sobre as principais reivindicações da mulher brasileira, de todas as camadas sociais e de diferentes regiões do país. Foi ressaltada, ademais a questão da baixa representatividade feminina em todas as instâncias do poder político, já que era crescente a presença da mulher no mercado de *trabalho* e estas constituíam quase metade do eleitorado brasileiro.

O Conselho Estadual da Condição Feminina de São Paulo, sob a presidência de Zuleika Alambert, que tendo eleito a *Campanha da Mulher na Constituinte* como tema prioritário de atuação para 1986, dedicou-se à organização de debates e seminários com o objetivo de "divulgar a política do Conselho em relação à posição da mulher na nova Carta Magna, acolhendo subsídios das próprias mulheres de todos os pontos do Estado". Pretendiam ainda mostrar que "as leis ordinárias do País ainda consagram preconceitos e discriminações milenares, que nos impedem de exercer plenamente nossa cidadania" (SÃO PAULO, 1986).

A intenção era de informar diretamente o texto constitucional ou de inspirar a legislação complementar e ordinária que deveria seguir-se à Nova Constituição. As feministas tinham consciência de que haveria críticas quanto ao proposto, sob a alegação de que tal tema não caberia numa Constituição. Mas, no momento em que a Nova Constituição definiria sua ordem política, econômica e social, nada mais oportuno que a voz da mulher brasileira expressasse a reivindicação de seus direitos. Assim, mostraram que "[...] continuamos sendo tratadas como cidadãos de segunda classe, uma vez que o Estado e a própria sociedade não nos conferem igualdade de direitos e oportunidades (SÃO PAULO, 1986).

Devido a estas questões e com estes objetivos acima citados, o documento final mostra que as mulheres não se atinham exclusivamente aos problemas femininos, mas aos da sociedade em geral. Era composto de duas partes: a primeira com as propostas gerais para uma sociedade livre, democrática, progressista, justa, humana e pacífica para todos os cidadãos, sem distinção de sexo ou de raça; e a segunda, com o Conselho definindo sua política específica de defesa dos direitos da mulher como família, educação, saúde, *trabalho* e cultura.

No item Educação, o documento destacou que:

A Educação deve pautar-se por princípios de igualdade entre o homem e a mulher e pelo repúdio a todas as formas de discriminação. O Estado deve ainda: promover uma imagem positiva da mulher através de conteúdos curriculares e dos livros didáticos, garantindo o princípio de igualdade; incluir a temática da educação não diferenciada nos currículos escolares de 1º e 2º graus e nos programas de formação e capacitação docente; incluir a temática sobre a condição da mulher nos currículos escolares dos vários níveis de ensino; garantir salários dignos para todos os professores, especialmente para os de 1º grau (SÃO PAULO, 1986).

Se o Estado tivesse cumprido apenas estas reivindicações, no conjunto das necessidades das mulheres brasileiras, talvez muitas crianças já tivessem assimilado, de uma forma diferente, mais evoluída e igualitária, o papel de cada sexo na sociedade. Apesar de constar dos conteúdos de ensino médio e superior, na escola de ensino fundamental ainda não se observa a preocupação com a questão da mulher[5].

---

[5] Tal realidade foi observada no momento de realização da pesquisa, de 1994 a 1997. A partir do ano de 2000 até 2004, demos continuidade à pesquisa e constatamos que o tema ainda não faz parte da proposta pedagógica da escola, contudo, por ocasião do Dia Internacional da Mulher e do Dia Internacional de combate à violência contra a mulher, debates têm sido realizados a respeito da questão em todos os níveis de ensino naquelas instituições em que há pessoas sensíveis a essa problemática, o que é um avanço.

O mais grave é que dez anos após a elaboração do documento supracitado nenhuma medida foi tomada neste sentido, muito pelo contrário, até cursos de capacitação para docentes foram extintos.

No referente ao *trabalho*, importantes propostas para a mulher brasileira também foram apresentadas, como o "combate a estereótipos sobre *trabalho* feminino, transmitidos pela escola, pelos livros didáticos, pelos meios de comunicação de massa etc." e, além disso, "o reconhecimento do valor econômico do *trabalho* doméstico para fins de aposentadoria e demais direitos previdenciários".

Outra proposta positiva foi a de dar incentivo às empresas que atingissem determinados porcentuais de mulheres e negros nos seus quadros funcionais, em todos os níveis e com equivalência salarial, e também às empresas que patrocinassem bolsas de estudo visando à formação de mão-de-obra feminina e negra, em setores de importância econômica e/ou tecnológica vital, onde tais segmentos estivessem ausentes.

Em todos os itens, ficou clara a consciência quanto a problemas vitais da sociedade em geral e especialmente da mulher brasileira, a maioria deles sem solução até a atualidade. Pode-se ter conseguido garantir algumas das propostas na lei, mas ainda há falta de esclarecimento e conhecimento da população feminina sobre seus direitos.

Um *trabalho* de suma importância foi o desenvolvido durante a Campanha pela Constituinte pela Rede Mulher. Sendo uma instituição com uma proposta ao serviço do movimento popular de mulheres, suas atividades eram investigar: a mulher trabalhadora e o sindicato; a educação com mulheres trabalhadoras na indústria e serviços de São Paulo, para avaliar a relação entre a situação da mulher trabalhadora e a organização sindical; realizar a avaliação sobre Clubes de Mães e Grupos de Mulheres de São Paulo (Zonas Leste e Sul); para conhecer a história, objetivos e propostas dessas organizações desde seu surgimento e as tendências que se observavam em relação ao movimento de mulheres. Estas atividades resultaram em várias publicações que se referiam à Constituinte. Foi ainda elaborada *Uma proposta popular de emenda ao projeto de Constituição* (PROPOSTA ..., 1986).

A exposição dos motivos presentes na Proposta (1986) demonstram o nível de consciência sobre os direitos da mulher e a vontade popular de se expressar sobre as mudanças necessárias, já que "A Carta Constitucional em vigor, ao dispor que 'todos são iguais perante a lei', não assegura instrumentos para garantir essa igualdade [...]". O texto da proposta afirmava e ao mesmo tempo denunciava que:

> *Na sociedade brasileira, a maioria das mulheres sofre dupla opressão: enquanto participante dos setores populares e enquanto mulher. É por essa razão que, como cidadãs, lutamos pelo direito à terra, ao trabalho, à moradia, à educação, saúde, transporte, lazer e segurança, particularmente*

> *através das reformas agrárias, urbana e administrativa do Estado. Concomitantemente, lutamos pela extinção de todo tipo de discriminação em todas as formas nas quais se materializam, em particular contra a subordinação da mulher ao homem (PROPOSTA ..., 1986).*

Pelo que sinteticamente foi colocado e observado nos documentos da época, pode-se afirmar ser este um momento importante na história do movimento feminista, já que mulheres de todas as camadas sociais reuniram-se para refletir e propor mudanças na Constituição que estava por vir. Sem dúvida, todos os aspectos, nos quais a discriminação da mulher eram observados, foram colocados e cobrados do poder público.

Como observado anteriormente, além de lançar a campanha nacional no sentido de levantar a discussão sobre as principais reivindicações da mulher brasileira de todas as camadas sociais e de diferentes regiões do país, o Conselho Nacional dos Direitos da Mulher colocou a questão da baixa representatividade feminina em todas as instâncias do poder político, já que era crescente a presença da mulher no mercado de *trabalho* e estas constituíam quase metade do eleitorado brasileiro.

Mostrando uma ampla aliança entre as mulheres, conseguiu-se um resultado satisfatório ao eleger 26 deputados constituintes de diferentes partidos e regiões; Barsted (1987) discorrendo sobre a questão, mostrou que dos 559 integrantes do Congresso Constituinte apenas 5% eram mulheres, já que 26 foram eleitas e, dessas, poucas eram as que se identificavam, anteriormente às eleições, com o movimento de mulheres. A abertura para candidaturas femininas, na verdade não representava uma estratégia para aumentar sua representatividade no Poder Legislativo, mas estratégia partidária de conseguir votos para a legenda, através das candidatas com prestígio na sua comunidade.

Mas segundo a autora, o efeito pedagógico do processo político daquele momento extrapolou os resultados quantitativos, pois:

> A *absorção de grande parte das reivindicações do movimento de mulheres no anteprojeto da Constituinte reflete esse processo de passagem das demandas do movimento social para o interior do aparelho de Estado. A presença de mulheres e homens favoráveis às reivindicações por plena igualdade legal entre os sexos indica não apenas a mudança em relação à questão da mulher no interior dos partidos políticos, como também a absorção pelos meios de comunicação da problemática levantada pelo movimento de mulheres como uma questão de modernidade* (BARSTED, 1987, p. 9).

Ou seja, independentemente dos meios, os fins alcançados foram satisfatórios à causa da mulher.

Conseguiu-se, então, entre os congressistas, importantes mudanças na legislação: quanto ao *trabalho* remunerado, dilatação do prazo da licença maternidade, e a empregada doméstica e trabalhadora rural tiveram seus direitos equiparados aos demais trabalhadores assalariados. Avanços também foram aprovados no capítulo referente à família, com exceção do aspecto relativo ao aborto, devido à reação de setores mais conservadores da sociedade, em especial da cúpula da Igreja Católica; este constitui-se até a atualidade num dos temas que enfrenta maior dificuldade para o avanço em termos legais.

Nesta retrospectiva da atuação das feministas brasileiras, foi possível constatar que apesar das dificuldades encontradas por se viver numa sociedade patriarcal e machista, as mulheres conseguiram avanços mediante um movimento organizado que decididamente contribuiu para transformações no presente e que não mais retrocederão.

É preciso resgatar as ações do movimento feminista, pois a História oficial, centrada na figura masculina e a partir da ótica das classes dominantes, o omitiu. Mostrar na escola que os direitos, deveres, aspirações e sentimentos das mulheres foram, há milênios, subordinados aos interesses do patriarcado, e que só por meio da organização da solidariedade, da luta, da ação é que se constroem e se defendem os direitos de cada um e de todos (OTT, 1993)

De acordo com Ott (1993), quando se fala em educação, está se falando de todos os processos em que o indivíduo se constrói como pessoa, como agente da história, da sua história, que envolve o *trabalho*, as artes, a família, associação profissional, educação etc.. Portanto, não se estaria educando para a cidadania se se omitisse esta parte silenciada da história, que trouxe conseqüências para a vida atual das mulheres.

A escola representa uma das instâncias de formação da cidadania e, como já afirmado, para muitas crianças talvez uma das únicas chances de vivenciá-la. Daí decorre a imensa responsabilidade da mulher professora: ser a agente do exercício da cidadania para uma transformação social[6].

A educadora estaria preparada para isso? Quando e qual educação recebeu a mulher historicamente para vir a ser professora? Diante das dificuldades sofridas pela educadora nos últimos anos, por que tantas jovens ainda procuram o magistério? Estas são questões relevantes para se ter em mente na educação para a cidadania, daí acreditar-se ser oportuno fazer um histórico sobre a instrução feminina no Brasil com o objetivo de tentar responder às colocações feitas.

---

[6] Dagnino (1994, p. 104) refere-se a esta questão como um dos "elementos fundamentais da nova noção de cidadania: o fato de que ela organiza uma estratégia de construção democrática, de transformação social, que afirma um nexo constitutivo entre as dimensões da cultura e da política. Incorporando características da sociedade contemporânea, como o papel das subjetividades, a emergência de sujeitos sociais de novo tipo e de direitos de novo tipo [...]".

Num primeiro momento, há necessidade de se refletir sobre como se dá informalmente a construção da identidade da mulher, freqüentemente responsável por características como baixa auto-estima, que interferem no seu auto-reconhecimento como pessoa e no seu papel na sociedade, para depois passar-se à educação formal, onde há a continuidade desse processo, e no qual configurará a identidade da mulher e da professora. Vale ressaltar, conforme Schäffer (1990, p. 16), que se trata de "identidade permanentemente ameaçada pelas expectativas e frustrações afetivas e sociais, onde se espera que o professor cumpra a imagem ideal desta profissão".

3. Formação da identidade feminina

Neste capítulo, busca-se explicar alguns dos fatores que condicionam o papel da mulher. Entre eles, cultura e ideologia, transmitidos por meio da socialização formal e informal que interfere na construção da identidade feminina. No geral, pode-se afirmar que no Brasil este processo não promove o exercício da cidadania.

3.1 Aspectos culturais: socialização informal

Como observado até o momento, parece universal a diferença quanto à importância atribuída ao papel de cada um dos sexos, resultante das relações de produção. Viu-se no capítulo anterior que cada cultura atribui traços característicos a seu povo, determinando idéias, valores e comportamentos comuns a homens e mulheres.

Em quase todas as sociedades, o poder era atribuído ao homem no seu cotidiano nas relações familiares, na sociedade: enquanto sua identidade era formada para exercer poder, em todas as circunstâncias da vida, a identidade da mulher era construída, ouvindo as palavras: castidade, humildade, modéstia, sobriedade, *trabalho* etc.. Isto aconteceu durante séculos e parece que ainda existem resquícios deste modo de pensar.

Mas parece também universal que os homens exerceram autoridade e direito legitimado cultural e legalmente para a subordinação das mulheres; em contrapartida, mesmo não tendo sua influência reconhecida e formalizada, a mulher tem exercido algum poder ou pressões importantes na vida social do seu grupo.

Rosaldo e Lamphere (1989) afirmam que as circunstâncias culturais que sempre condicionaram a vida das mulheres dificultam a própria manipulação ou controle de sua imagem pública. Além disso, ela sempre precisa responder mais do que o homem às necessidades daqueles que estão a seu redor, estão mais sujeitas às exigências da interação imediata e, portanto, sua vida está marcada por não haver privacidade nem distância das pessoas com quem interage. O homem possui esta distância, podendo manipular seu ambiente social e controlar a interação mais íntima como deseja.

Além disso, para a maioria das culturas, parece fácil e natural uma menina tornar-se mulher, mesmo que sua socialização seja associada a algum sofrimento (e este ocorre sobretudo nas sociedades onde os costumes e tradições são mais rígidos). É senso comum que, para uma menina tornar-se mulher, basta seguir os passos da mãe; enquanto que para um menino tornar-se adulto, este precisa desprezar o mundo da mãe e provar para si próprio sua masculinidade. Para as meninas este processo de desenvolvimento é visto como natural; com relação ao menino, é visto como algo que ele conquistou. Esse traço cultural exerce influência na formação da identidade de ambos os sexos[7].

Pela retrospectiva histórica feita no capítulo anterior, de certa forma, até atualmente, as ações das mulheres fora do lar, ou mesmo as ações públicas delas não são valorizadas, apesar de estas participarem intensamente de associações filantrópicas, algumas delas ligadas a instituições exclusivamente masculinas.

Hoje, com a mulher inserida no mercado de *trabalho*, inclusive em postos e profissões antes exclusivamente masculinas, há certa mudança quanto à valorização das ações públicas das mulheres. Parece que, após

---

[7] Para exemplificar, podemos citar entrevistas feitas junto aos alunos do ensino fundamental da Unidade Escolar observada em 1995. Um dos itens era citar características masculinas e femininas e, em seguida, escrever sobre: "Meu pai é assim" e "Minha mãe é assim". Percebemos que as características atribuídas ao pai são generalizadas ao gênero masculino, em grande parte como: "maldoso, chato, triste, dá mais bronca, não conversa comigo" etc.. Enquanto que para a mãe as características, também tidas como próprias do gênero feminino: "boa, amorosa, carinhosa" etc.. Quanto ao trabalho doméstico, a maioria absoluta responde que são as mulheres da casa que o executam, filhas, avós e a mãe, mesmo esta trabalhando fora do lar.

muitos questionamentos sobre o papel da mulher, elas mesmas reconhecem e valorizam a especificidade de ser mulher e reconhecem essa diferença como enriquecedora de cultura. Mas, vale ressaltar, em muitos casos elas permanecem presas a preconceitos e papéis que lhes eram atribuídos no passado; sob este ponto de vista, pode-se dizer que muito pouco mudou e a escola teve parcela de responsabilidade pela omissão.

A nosso ver, sua postura enquanto mulher, e que depende muito dela própria conquistar tanto na família quanto na sociedade, é que vai propiciar seu *status* social. É preciso, então, proporcionar à menina, por meio de sua socialização, situações que a levem a adquirir algumas características consideradas *masculinas*, como autonomia, liderança, entre outras, para que elas consigam romper antigos preconceitos e costumes que ainda hoje dificultam a independência, a profissionalização e a autonomia da mulher.

Nisto, a escola pode exercer um importante papel, desde que as mulheres que lá atuam, seja como supervisoras, diretoras, coordenadoras e principalmente como professoras, tenham consciência da importância destas questões para sua própria formação, mas também do homem, pois a escola é o ambiente favorável e adequado à reflexão e questionamento dos papéis tradicionalmente atribuídos a ambos os sexos, desde os primeiros anos de vida escolar.

É comum observar que as crianças já chegam à escola com estereótipos sexuais assimilados, em geral, desvalorizadores da mulher; mas também, em muitos casos, com uma visão distorcida do modelo masculino. Isto pode se agravar na escola, se a criança não tiver oportunidade de estabelecer a relação entre papéis masculinos e femininos, pelo fato de raramente existir interação da criança com professores do sexo masculino. No Ensino Fundamental isso geralmente acontece apenas a partir da 5ª série, quando existem docentes de ambos os sexos conforme Withaker (1989) afirmou.

Tendo em vista que "em muitas sociedades encontramos relativamente poucos papéis institucionalizados para as mulheres e poucos contextos nos quais possam verdadeiramente clamar por seus direitos". Conforme argumentam Rosaldo e Lamphere (1989, p. 46), a escola constitui um dos poucos locais onde a mulher encontra oportunidade de socialização e deve ser esta o local privilegiado para educá-la com vistas à profissionalização, a uma postura crítica perante seu papel na sociedade, ao conhecimento de seus direitos, ou seja, para formá-la para a real cidadania.

Pode-se constatar a importância da escola para as mulheres, pois afora ser ela local de *trabalho* para uma grande parte delas, vê-se a ela retornar mulheres que já se encontram na fase adulta, ou, quando casadas, no momento em que seus filhos não mais dependem de sua presença constante no lar. Exemplo disso ocorreu na escola observada: em 1995, quando foi aberta uma classe de ensino supletivo, dos alunos matriculados (trinta e dois) a maioria era de mulheres (vinte e uma) na faixa etária de 60 a 75 anos.

Numa pesquisa feita com mães de alunos, visando detectar a maneira como elas viam a posição da mulher na sociedade, observou-se que o problema da mulher também lhes era significativo, embora não se vissem como sujeitos ativos e responsáveis por mudanças. Quando questionadas sobre a possibilidade de a escola proporcionar cursos e palestras com assuntos de seus interesses, estas foram unânimes em afirmar que apreciariam muito tal possibilidade. Naquela comunidade, não tinham chance alguma de adquirir mais conhecimentos para exercer uma atividade remunerada, ou mesmo para melhor se instruir sobre assuntos de seu interesse, o que vem confirmar o que Rosaldo e Lamphere (1989) observaram, que "há poucos contextos nos quais possam verdadeiramente clamar por seus direitos".

A seguir, continuando a reflexão sobre a cultura e ideologia, abordaremos outros fatores responsáveis pelas características ditas femininas, que fazem da mulher "agente e paciente" dos preconceitos e costumes tradicionais responsáveis por sua discriminação (VERUCCI, 1977).

3.2 Cultura, ideologia e identidade

Quase todas as inter-relações sociais são dominadas pela cultura existente, que consiste numa série de padrões de comportamentos desenvolvidos a partir de hábitos de massa que, uma vez estabelecidos, projetam-se no futuro. Em toda a sociedade a diferenciação baseada em sexo e idade é universal: existem padrões de comportamento distintos para homens e mulheres, jovens e adultos; cada grupo tem suas próprias características de comportamento e este é fortemente influenciado pelos padrões de cultura.

Quando um indivíduo nasce ou entra no grupo, é submetido ao processo de treinamento ou doutrinação, isto é, de socialização; no decorrer da vida, as sanções positivas vão ser induzidas de conformidade com as normas estabelecidas e as sanções negativas vão desencorajar e reprimir possíveis desvios. Segundo Bruschini (1981, p. 73), os modelos *masculino* e *feminino* são mais históricos e sociais do que biológicos. Eles vão sendo construídos gradativamente na família ou na escola, através de jogos, de brinquedos, da televisão e de " outros mecanismos transmissores da educação informal, vão sendo incutidas diferenças de temperamento entre os sexos que passam a ser consideradas diferenças 'naturais', próprias à biologia do homem e da mulher [...]".

A cultura é, então, transmitida por ensinamento a cada nova geração, tendo como modelo o comportamento dos adultos. É assim que se formam estruturas de personalidade básica das crianças, persistindo no decorrer da vida do indivíduo.

Como afirmado por Rosaldo e Lamphere (1989), os homens são definidos historicamente, em termos de sua conquista nas instituições sociais. Eles produzem *cultura*, ou seja, o mundo da cultura é deles. Já a mulher, por seu *status* ser derivado do estágio no ciclo da vida, de suas funções biológicas, é definida como *natureza*, em contraposição ao homem que significa *cultura*. Estas são formulações ideológicas que necessitam ser questionadas, já que marcaram e ainda marcam profundamente a vida das mulheres.

Oliveira (1976), em seu estudo sobre o conceito antropológico de identidade, parte da premissa de que o homem não pensa isoladamente, mas por meio de categorias geradas na vida social. Afirma ainda que um dos elementos mais importantes na construção da identidade é o jogo entre a semelhança e a diferença.

É importante refletir sobre esta colocação do autor, pois se aplica à questão da mulher justamente com relação aos seus direitos; talvez esta tenha sido a contradição quando da elaboração dos Direitos do Homem e do Cidadão. Na lei, a universalidade ali proposta a todos os cidadãos não incluía, na verdade, a mulher, pois na vida ou na sociedade ela era vista como diferente do homem e justamente por esta diferença era impedida de participar da vida pública e, conseqüentemente, impedida de ter direitos. No capítulo posterior voltar-se-á à reflexão sobre esta questão.

O jogo dialético a que o autor se refere ocorre como meio de diferenciação em relação a outra pessoa ou grupo com que se confrontam; é a identidade que surge por oposição, implicando a afirmação de um diante do outro, jamais se afirmando isoladamente. De acordo com a teoria do esquema de gênero,

> *a criança, além de aprender o conteúdo de qualquer informação sobre gênero, capta a rede heterogênea de associações relacionadas a ele, que lhe serve para avaliar e processar informações. [...] O processo de tipificação de gênero tem raízes na descoberta dos vínculos entre o próprio autoconceito de um indivíduo e o esquema de gênero. Isto implica a aprendizagem não apenas dos atributos conferidos e dos papéis sociais atribuídos ao gênero de uma pessoa, mas ao domínio de um esquema de gênero que prescreve condutas para representantes dos dois gêneros (SAFIOTTI, 1994, p. 153).*

Assim, a construção da identidade feminina e masculina é estabelecida por meio do contraste ou da diferenciação entre o papel social da mulher e do homem durante o processo de socialização da criança; e ainda mais, como Shäffer (1990 p. 13) afirma, é através da internalização dos diversos papéis (centrados em torno da idade, sexo, imagem do próprio corpo, etc.) que a pessoa assume no cotidiano do grupo familiar que "sua identidade começa a ser gerada. Posteriormente, a identidade de papel vai sofrendo um processo gradual de individualização, sendo substituída pela identidade do EU ".

De acordo com Ericson (apud OLIVEIRA, 1976), se a elaboração do modelo de identidade masculino/feminino é gerada na vida social, a ideologia é então condição dessa identidade, portanto a identidade social é uma ideologia.

A ideologia está presente em todas as atividades dos homens e mulheres, em atividades religiosas, morais, estéticas, filosóficas. Conforme Poulantzas (apud SCHÄFFER, 1990, p. 215), se a ideologia não tem por função fornecer aos indivíduos ou grupos um conhecimento verdadeiro da estrutura social apenas inseri-los nela, conclui-se que "sua função é ocultar as contradições reais, reconstruindo, em um plano imaginário, um discurso coerente que sirva de horizonte, de modelo aos indivíduos".

Devido a isto, as mulheres devem buscar a configuração da imagem de si mesmas e de suas possibilidades futuras, opondo-se à construção de personalidades dependentes e inseguras, para desvendar a discriminação sexista que a ideologia oculta, porque, conforme Habermas (1983, p. 57),

> *a identidade do EU é gerada pela socialização, ou seja, vai-se processando à medida que o sujeito – apropriando-se dos universos simbólicos – integra-se, antes de mais nada, num certo sistema social, ao passo que, mais tarde, ela é garantida e desenvolvida pela individualização, ou seja, precisamente por uma crescente independência com relação aos sistemas sociais.*

É oportuno considerar que a produção e distribuição dessas idéias ficam sob controle da classe dominante, que detém o poder e que se utiliza das instituições sociais para implantação e divulgação delas, com vistas à conservação do *status quo*, instituições essas representadas pela família, escola, igreja, partidos políticos, magistraturas, meios de comunicação responsáveis pela transmissão da cultura que lhes conservam o poder. Gramsci (1978) denomina de hegemonia esse fenômeno de conservação da validade das idéias e valores dominantes, mesmo quando se percebe a dominação ou se luta contra a classe dominante ao manter sua ideologia.

Chauí (1984, p. 111) a isto se refere, mostrando a incoerência de algumas ações dos movimentos feministas dizendo que lutavam contra o poder burguês porque ele era fundamentalmente um poder masculino que discriminava social, econômica, política e culturalmente as mulheres. Além disso, "é um poder que legitima a submissão das mulheres aos homens tanto pela afirmação da inferioridade feminina (fraqueza física e intelectual) quanto pela divisão de papéis sociais a partir de atividades sexuais (feminilidade como sinônimo de maternidade e domesticidade)".

A autora ainda afirma que esses movimentos tinham como idéias norteadoras que as mulheres não deveriam se sujeitar à ideologia da inferioridade nem à ideologia dos papéis sexuais, mas lutar por igual direito ao *trabalho*. Esse pensamento, assimilado por muitas mulheres e não aliado à contestação sobre os papéis sexuais, inclusive no cotidiano delas, levou a uma sobrecarga de responsabilidades na tentativa de ser dona de casa primorosa até profissional de alta competência; nisto pode-se incluir a professora que, com a desvalorização de seu *trabalho*, assumiu para si uma dupla ou até tripla jornada de *trabalho*.

O mais grave nisto tudo é que não sobra tempo para a mulher refletir sobre sua situação e seu *trabalho*, nem se organizar em tal círculo vicioso, confirmando o que diz a autora, ou seja, que defender a igualdade no mercado de *trabalho* não implica criticar a exploração capitalista do *trabalho*, e sim mantê-la.

No caso da professora da escola pública, a reflexão sobre o seu papel e sua atuação é imprescindível, para que sua prática se torne crítica e reflexiva, a ponto de reconstruir sua própria identidade e transformar o exercício do seu papel de educadora.

Concluindo as observações sobre identidade, ideologia e cultura, convém reafirmar o que já se colocou, ou seja, que é a ideologia da idéia de família nos moldes tradicionais a responsável pela dificuldade que tem a mulher de questionar antigos padrões de comportamento inspirados nos papéis sociais de cada sexo, mesmo estando amplamente inserida no mercado de *trabalho*.

Chauí (1984, p. 117) destaca que é na família pequeno-burguesa que a idéia de família nos moldes tradicionais é mais forte, mais do que em outras classes, constituindo-se numa instituição importante à preservação da ideologia burguesa, pois oferece

> [...] *ao pai uma autoridade substitutiva que o compense de sua falta de poder na sociedade e que,*

> *por isto, ele aparece como devendo encarnar para toda sociedade o ideal do Pai [...] à mãe, um lugar honroso que a detenha fora do mercado de trabalho para não competir com o pai e não lhe roubar a autoridade ilusória, e que, por isto, a mulher desta família está destinada a encarnar para toda a sociedade o ideal de mãe.*

Como se pode perceber, toda a discussão em torno do papel da mulher na sociedade, como conseqüência da explicação dada por Engels (1974) sobre a ligação entre a origem da propriedade privada e a desvalorização do papel da mulher na sociedade, tem como fator condicionante a ideologia dominante expressa nos valores culturais de cada sociedade no decorrer da história. Esta ideologia consiste numa ilusão, que visa à dominação de classe e, para tanto, cria uma história imaginária. Talvez esta seja a explicação da não inserção da ação da mulher na história oficial, pois apenas o mundo masculino era valorizado.

Esta discussão, a nosso ver, continua atual, pois com o desenvolvimento e modernização da sociedade, outras ideologias (políticas, religiosas etc.) se inserem na vida das pessoas e os mais vulneráveis à sua ação são os que não têm conhecimento crítico sobre o mundo que os cerca; neste sentido, não só as mulheres estão envolvidas, mas ambos os sexos. Daí decorre a importância da escola em proporcionar condições que levem à formação de pessoas conscientes, uma formação que leve a uma autoconsciência crítica por parte do indivíduo e do grupo acerca de sua existência. De acordo com Schäffer (1990, p. 14), "reconhecer o papel que as diferentes necessidades representam na estruturação da identidade do EU, é vital para o reconhecimento do que a sociedade fez de nós e decidir se é isso o que nós verdadeiramente queremos ser".

Prosseguindo a reflexão sobre a formação da identidade feminina, será colocada agora em questão a educação formal da mulher brasileira, o que conduzirá à Escola Normal, uma das únicas formas de instrução e profissionalização, aceitas pela sociedade, para a mulher brasileira.

3.3 Instrução da mulher: socialização formal

Como já mencionado anteriormente, a educação formal da mulher foi preterida historicamente; com pequenas variações, todos os povos lhe atribuíam as funções domésticas, com base na identificação simbólica, na qual a mulher é apresentada quase que universalmente como ligada à natureza e à contingência biológica, o que acabou por embasar costumes, expressos nas leis que tratavam das relações entre homens e mulheres e entre eles e o Estado.

De acordo com Louro (1997), no processo de formação da identidade feminina observou-se a influência da cultura brasileira, com suas características e costumes que inferiorizavam a mulher. Não havia oportunidade para sua elevação intelectual, já que a instrução não tinha valor social para uma sociedade cuja economia estava baseada na exploração predatória. Mesmo quando a instrução começa ganhar sentido, com os jesuítas no século XVIII, representava um instrumento de catequese; os meninos eram doutrinados nas escolas e as meninas nas capelas e igrejas. As divisões de classe, etnia e raça determinavam as formas de educação utilizadas para transformar crianças em mulheres e homens. Para a população de origem africana havia a negação do acesso a qualquer forma de escolarização, as crianças negras eram educadas na violência do *trabalho* e na luta pela sobrevivência.

Sob a influência da tradição ibérica, e esta reforçada pela Igreja Católica, prevalecia o princípio de segregação sexual, que fazia da mulher uma pessoa submissa, sedentária e religiosa. Tal comportamento era agravado pela ausência de participação social pois nem a língua portuguesa sabiam falar. Não havia escolas para meninas, eram raras as que recebiam educação nos conventos; mesmo assim, a ênfase do ensino residia nas prendas domésticas e iniciação à leitura e escrita.

Conforme Saffioti (1969), com a vinda da Corte Portuguesa para o Brasil, começam a aparecer algumas poucas oportunidades de instrução laica para as mulheres da elite. Nos dois colégios particulares existentes em 1816, e mesmo no lar, são contratadas senhoras portuguesas e francesas, posteriormente alemãs, para educar as meninas, ampliando o horizonte intelectual da mulher brasileira.

Somente na Constituição de 1823 é que se encontra a idéia de proporcionar legalmente instrução ao sexo feminino, mas esta tendência liberal é sufocada com a dissolução da Assembléia. No projeto de lei da Constituição de 1824, no que se refere ao ensino, aparece apenas uma referência à instrução feminina, com a justificativa de propiciar à mulher melhores condições de cumprir suas funções domésticas; mas foi um avanço, pois reconhecia legalmente a necessidade de se instruir a mulher brasileira (SAFFIOTI, 1969).

Embora defendessem a educação, para a mulher, apenas para preparar boas mães de família que iriam formar o homem do futuro, essas idéias liberais, transplantadas da Europa, influenciaram algumas mulheres brasileiras das classes mais abastadas no que se refere a seus direitos. No final do século XIX, foram essas mulheres que, contando com uma imprensa reivindicatória, lutavam pela educação da mulher, assim como por outras necessidades básicas da população feminina, mostrando que um pensamento emancipador nascia no País. Além de abordar assuntos gerais publicavam artigos de reivindicação dos direitos da mulher, de protesto ou mesmo de propostas da ação concreta (BERNARDES, 1988)

Nísia Floresta, ao traduzir o livro de Mary Wollstonecraft, *Vindication of the Rights of Women* (WOLLSTONECRAFT, 1989), aborda a privação dos direitos das mulheres brasileiras e a injustiça cometida pelos homens, que as impediam de se desenvolver, e denunciava que as desigualdades promoviam a inferioridade, resultante da educação e das circunstâncias de vida a que estavam submetidas.

A educação constituiu uma bandeira nas reivindicações das mulheres brasileiras. As idéias liberais, apesar de não defenderem uma educação que promovesse a emancipação feminina, constituíram um avanço. Mas, é importante ressaltar, qual escola foi proporcionada às meninas?

De acordo com Louro (1997), o ensino proporcionado para ambos os sexos refletia a visão que se tinha do papel social de cada um deles, ou seja, para a mulher, convém frisar mais uma vez, um ensino voltado à educação doméstica com o objetivo de refinar o seu comportamento. Além do mais, a Lei de 1827, apesar de estabelecer a educação para ambos os sexos, só admitia as meninas nas escolas de primeiro grau. Os níveis mais altos eram exclusivamente para os meninos. Outro agravante foi o fato de que as famílias, por não valorizarem a instrução das meninas, retiravam-nas da escola antes de estarem realmente alfabetizadas, contribuindo, dessa forma, para reforçar a discriminação em nome dos costumes que aqui imperavam, tanto na concepção de educação dos luso-brasileiros quanto dos imigrantes.

Conforme Tanuri (1979), em 1846 foi fundada a primeira Escola Normal paulista; esta escola destinava-se exclusivamente ao sexo masculino, por haver desinteresse em relação à educação intelectual da mulher e por achar que a instrução da mulher deveria ser inferior àquela ministrada aos meninos, o que levou a uma tardia instalação da 1ª Escola Normal Feminina. Vê-se, pois, que, inicialmente, nem o magistério era pensado como carreira apropriada para a mulher. Além disso, conforme Verucci (1987), o ideal de ócio cultivado pela sociedade escravocrata foi o responsável pelo desprezo, até por parte das mulheres brancas mais pobres, pelo *trabalho*.

Apenas em 1881 ocorre a primeira matrícula feminina na Faculdade de Medicina do Rio de Janeiro. Em 1880 acontece a instalação da Escola Normal do Município da Corte, constituindo-se numa instituição predominantemente feminina e numa das poucas oportunidades de continuidade dos estudos para a mulher, elevando seus conhecimentos e desenvolvendo sua sociabilidade nos contatos com elementos do outro sexo.

Conforme Tanuri (1979), as mulheres que freqüentavam a Escola Normal tinham interesses diferentes, coerentes com o seu papel na sociedade; poucas buscavam realmente uma profissionalização, porque a maioria, geralmente de famílias ricas, procurava uma elevação cultural enquanto aguardava o casamento, que tinha um valor social superior para a mulher.

Pode-se considerar, no entanto, que o magistério representava uma das únicas oportunidades para a mulher exercer uma profissão, elevar seus conhecimentos, e uma forma de não interferir na sua função social primeira, de esposa e mãe. Contudo, de acordo com a autora, há que se considerar que, além de ser uma profissão na qual a mulher conciliava suas funções domésticas, representava também uma solução para o problema de mão-de-obra para a escola primária, pouco procurada pelo elemento masculino devido à má remuneração.

Considerando os primórdios da carreira, ou seja, desde a orientação das mulheres para esta profissão até a forma como se deu a criação das primeiras Escolas Normais e o ensino nelas proporcionado, observa-se uma trajetória de desvalorização do *trabalho* da professora. Isto é decorrência tanto da visão dela própria, já que a maioria vinha de famílias ricas e, portanto, não se preocupava com o salário que recebia, como por parte da sociedade, que não valorizava o *trabalho* e a instrução para a mulher.

Como afirma Saffioti (1969), a instalação das primeiras Escolas Normais não se deu como exigência de toda a sociedade brasileira da época, mas das classes mais favorecidas, já que visava à qualificação de professores para o ensino primário destinado a estas camadas da sociedade. Não foi uma exigência do povo brasileiro, mas do conjunto das idéias liberais dos países de economia mais integradas e para cá transplantadas.

Desta forma, conforme as autoras mencionadas afirmaram, as primeiras Escolas Normais foram estabelecidas por iniciativa das províncias, logo após o Ato Adicional de 12/08/1834. São Paulo, como já afirmado, foi a primeira a regulamentar de modo geral todo o ensino primário da província, em 1846.

Tanuri (1979, p. 12) ainda mostra que a estrutura didática do curso, em São Paulo, denunciava o descaso que o poder público tinha por este nível de ensino. A organização didática era rudimentar e as condições materiais da escola eram deficientes, "resultando numa distribuição de matérias completamente assistemática, desorganizada, variável de ano para ano, ao sabor do critério único do professor [...]. A Escola Normal apresentou uma marcha contínua para a decadência".

Nos dois decênios que antecederam a Proclamação da República, havia uma intensa agitação de idéias inspiradas no liberalismo e no cientificismo brasileiro. Desta forma, a educação da mulher era concebida de acordo com as reformas sociais e políticas que cada corrente de pensamento pretendia realizar. A Igreja Católica, visando preservar a estrutura patriarcal da família, defendia o baixo nível da educação feminina, alegando diferenças básicas entre o homem e a mulher no que se refere à desigualdade política e civil; de outro lado, havia os opositores, mostrando que a família, enquanto instituição social, estaria sujeita a constantes transformações ao longo do movimento histórico. Segundo Louro (1997, p. 446), diante das diferentes concepções de educação para a mulher, um discurso era comum a muitos grupos sociais, "as mulheres deveriam ser mais educadas do que instruídas [...] a ênfase deveria recair sobre a formação moral, sobre a constituição do caráter [...]".

As idéias mais avançadas sobre a situação da mulher desencadearam um lento processo de conscientização sobre sua situação. De acordo com Saffioti (1969) estas idéias são encontradas no cientificismo liberal, especialmente com Tito Lívio de Castro, atuais até nossos dias. Ao contrário das idéias tradicionais sobre a instrução e profissionalização da mulher da época, o autor já pensava o magistério como uma força social construtiva, numa perspectiva da profissionalização feminina e não como extensão do *trabalho* doméstico.

Com a Constituição da República, consagrando-se o princípio de laicidade do ensino, pôde-se pensar em mudanças no ensino em geral e principalmente para a mulher. Já que o ensino não estava mais nas mãos da Igreja Católica, houve a descentralização da legislação sobre o ensino. Contudo, segundo Azevedo (1971, p. 626), não realizou uma transformação radical no sistema de ensino que provocasse uma "renovação intelectual das elites culturais e políticas, necessárias às novas instituições democráticas".

Permanece, assim, o número insuficiente de Escolas Normais e a dificuldade de acesso aos cursos superiores e à realização de outros cursos profissionalizantes para mulheres, representando obstáculos à profissionalização feminina.

Diante do exposto, observa-se que as mulheres, historicamente, tiveram poucas chances de ascender intelectual e culturalmente, devido aos obstáculos impostos pela sociedade em cada momento.

Mas, conforme Zelante (1994, p. 7),

> *[...] Apesar de ter acrescentado gradativamente outras funções à sua, tais como escolarizar a mulher brasileira, formar a mãe e a dona de casa, permitir o acesso ao ensino superior, concorrer para*

> *a democratização do ensino num momento em que as oportunidades eram escassas, ao receber dentre seus alunos muitos que se orientavam para outros setores da atividade produtiva profissional, a Escola Normal se afirmou, no cenário educacional do país, como instituição voltada predominantemente para a formação do antigo professor primário.*

Por ser uma das únicas instituições a formar as mulheres brasileiras, apesar de sua importância para a elevação intelectual delas, formou mulheres que atuavam como agentes dos valores tradicionais, estes impregnados de preconceitos desvalorizadores delas mesmas e de seu papel na sociedade, tornando-as *pacientes* da própria ação[8].

Em vista disso, considera-se ser necessário refletir um pouco mais sobre como se desenvolveu o processo de feminização do magistério, esboçado no Império e efetivado com a implantação da Escola Normal Paulista durante o período republicano, porquanto este traduziu o papel da mulher na sociedade, interferiu no ensino a elas proporcionado e marcou sua prática e profissionalismo no magistério.

---

[8] Louro (1997, p. 450) afirma a este respeito que: " A identificação da mulher com a atividade docente [...] era alvo de discussões, disputas e polêmicas. Para alguns parecia insensatez entregar às mulheres usualmente despreparadas, portadoras de cérebros 'pouco desenvolvidos' pelo seu 'desuso' a educação das crianças".

3.4 A Escola Normal e a feminização do magistério

Além de ser uma instituição educacional destinada a qualificar a força de *trabalho* para uma profissão de base intelectual e por constituir um canal de ascensão social, a Escola Normal oferecia a seus alunos uma cultura geral desvinculada de preocupações utilitárias, já que era procurada por moças sem intenção de desempenhar atividades profissionais. Apesar de não proporcionar, inicialmente, acesso direto aos cursos de nível superior e por se constituir no ponto final de uma carreira de estudos, desempenhou papel relevante na formação cultural e profissional da mulher brasileira.

As mulheres procuravam o curso porque, ao lado das funções técnicas profissionais, as Escolas Normais funcionavam como *colégio para moças*. Estas instituições preparavam, na verdade, certo tipo de mães e donas de casa da burguesia. Esta visão está presente, inclusive, no texto legal dos objetivos da Escola Normal, que reconhecia essa função, colocando-a em conexão com o padrão doméstico e não com a estrutura profissional. Naquele momento representou uma agência de modernização dos papéis maternos, mas para uma parcela da população que não tinha preocupações com os aspectos econômicos, sociais ou políticos da sociedade (PEREIRA, 1963).

Isto representa um dado importante na configuração do magistério, como profissão. Conforme afirma Pimenta (1988), este foi um dos fatores que contribuíram para a desvalorização da profissão, já que o corpo discente da Escola Normal não se preocupava realmente com o aspecto profissional do curso, mas apenas com uma elevação cultural. Desta forma, nem o salário tinha importância[9].

De acordo com Louro (1997), as famílias viam neste ramo de ensino um dos meios de assegurar, para si e suas filhas, uma posição socioeconômica minimamente elevada, sem que as filhas integrassem a população economicamente ativa em profissões menos aceitas pela sociedade, e também porque o salário feminino era visto apenas como complemento ao do futuro marido.

Esse processo persiste na década de 1950, também devido à segurança que o diploma, ao final do curso, oferecia, assim como pela flexibilização maior na escolha da carga horária e pela ideologia no referente a traços de personalidade da mulher, incentivados via socialização e que eram favoráveis ao exercício docente.

Começa a haver uma mudança quanto ao interesse pela Escola Normal por volta de 1960 e 1970, quando ocorrem alterações significativas tanto em relação à clientela que passou a ter acesso à escola primária como à clientela da escola normal, quando se observa o acesso

---

[9] LOURO (1997, p. 450) enfatiza que se a maternidade era a função primordial da mulher, "bastaria pensar que o magistério representava [...] a extensão da maternidade, cada aluno ou aluna vistos como um filho ou uma filha 'espiritual'. [...] a docência não subverteria a função feminina fundamental, ao contrário, poderia ampliá-la e sublimá-la".

a ela de um maior segmento da classe média, devido à *democratização do ensino*.

Conforme Pimenta (1988, p. 41), o magistério começa a atravessar uma crise resultante do seu ajustamento às novas demandas e das "transformações da sociedade brasileira para urbano-industrial; o *trabalho* da professora começa a sofrer as pressões características da classe média assalariada, há a deterioração do *trabalho* do homem e da mulher".

Pereira (1963), em seu estudo sobre o magistério paulista na década de 1960, já mostrava esta crise resultante do reajustamento da sociedade para urbano-industrial. De acordo com o autor, um dos agravantes para esta situação, reside na conveniência de um modo paternalista de ação escolar e também na situação tradicional da mulher na sociedade aliada à dificuldade da classe média em se adaptar às mudanças sociais, fazendo com que a professora exercesse uma força conservadora.=

É preciso considerar ainda que a formação da professora degradou-se, como ocorreu com o ensino como um todo; a Escola Normal não formava uma professora para ensinar ao aluno que naquele momento passava a freqüentar a escola, o das camadas menos favorecidas da população. Além do mais, o ensino não era mais adequado às necessidades dessa clientela.

Mesmo assim, o magistério continuou a ser visto como vantajoso pelo fato de as mulheres poderem conciliar o *trabalho* da professora com o *trabalho* doméstico. Naquele momento o salário era visto como fonte principal de recurso no orçamento doméstico, e a mulher passa a trabalhar dois períodos, porque trabalhar fora do lar tornou-se uma necessidade.

Até 1930, os professores primários tinham condições de *trabalho* que lhes assegurava um nível de vida satisfatório. A partir desse período, com a expansão da industrialização e da urbanização, foram criadas inúmeras escolas públicas na maioria dos municípios. Devido à falta de profissionais para atender à demanda, houve a duplicação da jornada dos professores, que passam a trabalhar mais e a ganhar menos.

Diante das observações feitas, vê-se que a degradação do *trabalho* da professora tem raízes econômico-sociais. Esta foi intensificada pela passividade das professoras diante da degradação do salário e do prestígio profissional, postura esta coerente com o papel a ela atribuído na sociedade.

A Escola Normal foi uma das únicas instituições a elevar o conhecimento da mulher brasileira, por isto representou um avanço numa sociedade que não julgava necessário instruir a mulher. Desde o seu surgimento reforçava o papel tradicional da mulher na família e na sociedade, visto que o ensino oferecido nestas instituições não levava a uma real profissionalização da mulher.

Formava *boas mães e esposas* professoras, comprometidas apenas com a instrução elementar e não com a formação integral do educando; defensoras dos valores tradicionais, resistentes às mudanças ocorridas na sociedade como um todo, atuando como reforçadoras e mantenedoras da ideologia dominante. Vale ressaltar que, antes do processo de democratização da escola pública, as crianças às quais ela ensinava não necessitavam de mudanças na sociedade, já que pertenciam ao grupo dominante.

Em nenhum momento a Escola Normal foi vista como meio para a emancipação feminina e real profissionalização, visto que isto nunca foi pretendido. Esta visão era coerente com os padrões de comportamento da sociedade brasileira e marcou profundamente o poder de participação da mulher, o seu exercício de cidadania na escola e na sociedade.

Outra peculiaridade da feminização do magistério no Brasil é que representou um paliativo para a reivindicação feminina de entrar para a vida profissional, não por ser considerado uma verdadeira profissão, mas porque era visto como um prolongamento das funções maternas. Na escola, elas não reivindicavam o poder, ao contrário, se sujeitavam à hierarquia paternalista de poder.

Conforme Freitag (1986), na Europa, a feminização fazia parte das reivindicações das mulheres de participar das decisões e do poder dos subsistemas, tendo estas conseguido, em alguns países europeus, atingir postos importantes na máquina educativa; aqui no Brasil elas sempre tiveram muita dificuldade em fazê-lo. Ainda hoje, não só na educação, mas também em outras profissões tradicionalmente femininas, os postos de comando estão nas mãos dos homens. Adiciona-se ainda o descaso por parte dos poderes públicos pela educação e por este *trabalho* remunerado da mulher.

A partir do entendimento de que as questões mais amplas da sociedade em geral se materializam e criam raízes no âmbito local, é interessante verificar nesse momento como a problemática levantada se manifesta nos cursos de formação de professores, até a década de 1990.

Ademais, ante a reflexão feita, é importante observar nos cursos de formação de professores, no momento de realização da pesquisa o Centro Específico de Formação e Aperfeiçoamento do Magistério (CEFAM) e a Habilitação Específica para o Magistério (HEM), a motivação do corpo discente dessas instituições, sua expectativa quanto ao curso e, principalmente, como, diante da crise na qual a profissão se encontrava, as mulheres ainda procuravam o magistério, para relacionar tais observações com a motivação das professoras em exercício na Rede de Ensino. Além do mais, observar se questões de gênero e cidadania fazem parte do conteúdo estudado nesses cursos de formação das futuras professoras.

3.5 A formação da professora

3.5.1 *Das Escolas Normais para a Habilitação Específica para o Magistério e CEFAMs*

De acordo com Ianni (apud NEVES, 1996), após o Golpe Militar de 1964, com a adesão de empresas nacionais e estrangeiras à idéia de construção de uma nova forma de interdependência econômica, política, cultural e militar da América Latina com os Estados Unidos, teve início uma nova política econômica e, conseqüentemente, a substituição da ideologia do desenvolvimento pela ideologia da modernização. Diante das transformações pretendidas, uma reforma de ensino coerente com o modelo econômico ligado ao capitalismo internacional foi implantada, com o acordo MEC/USAID.

A Lei 5.692/71 que trouxe outras diretrizes para o Ensino Fundamental, apresenta a tendência tecnicista, enfatizando o aprimoramento técnico, a eficiência e a produtividade com pouco investimento. Realmente, esta lei não efetivou seus objetivos e não levou à construção da consciência da cidadania. Ao contrário, levou à instrumentalização do homem, ao esvaziamento no tratamento teórico-metodológico das áreas do conhecimento e ao empobrecimento do processo ensino-aprendizagem (NEVES, 1996).

O Curso Normal foi substituído pela Habilitação Específica para o Magistério, e a formação do professor do Ensino Fundamental se desvalorizou devido à descaracterização do curso. Além disso, como mostra Zelante (1987, p. 106) "esse fato, dentre outros, parece ter concorrido para o aparecimento de cursos – na sua maioria noturnos – de qualidade duvidosa, que certamente contribuíram para a deterioração da formação do professor das quatro séries do 1º grau".

Nas palavras de Pimenta (1988, p. 27) a Lei 5.692/71 deu um novo aspecto formal-legal aos cursos de formação, contudo, "sem direcioná-los para as reais necessidades de se formar um professor capaz de ensinar de modo que os alunos das camadas pobres da população aprendessem".

Mostrando a incoerência dos meios para se atingir os objetivos propostos na Lei 5.692/71, Tanuri (1990) revela que o caráter predominantemente tecnicista da lei causou inúmeros problemas, inviabilizando a formação do indivíduo para a cidadania. De acordo com Machado (1989), persistiu entre docentes e alunos a visão fragmentada do curso com ênfase na qualidade formal e distanciamento da realidade social. Além disso, havia a dicotomia entre teoria/prática e entre conteúdo/método, fragmentação das disciplinas e do próprio curso, assim como a superficialidade dos estágios de observação e regência.

Em 1992, no II Congresso Estadual Paulista sobre formação de professores, o relatório final do grupo de *trabalho Escola Normal* levantou a necessidade de definição de uma política educacional para a formação do professor de Ensino Fundamental. Propôs uma formação de qualidade que levasse à profissionalização desses docentes, garantindo a especificidade e a identidade dos cursos, e também que estes cursos selecionassem, por concurso, professores competentes, comprometidos com os objetivos daquele curso, e que os aspectos pedagógico, político e filosófico fossem valorizados.

Conforme Neves (1996), de qualquer proposta de mudança deveriam constar também aspectos primordiais como: formação continuada aos professores em exercício, prioridade quanto a salários e condições de *trabalho*, um envolvimento da Universidade e demais órgãos públicos na formação e aperfeiçoamento dos professores, assim como destinação de verbas para o curso. Sem estas prioridades, principalmente uma valorização profissional com salários dignos, nenhuma mudança efetiva ocorreria.

Já havia, em 1988, a implantação, pela Secretaria da Educação, de vários Centros Específicos de Formação e Aperfeiçoamento do Magistério (CEFAMs), em várias regiões do Estado, na tentativa de melhorar a qualidade da formação de professores de Ensino Fundamental. Tais centros tiveram sua estrutura técnico-administrativa normalizada pelo Decreto nº 29.501/89.

Constatou-se após as observações feitas em pesquisas e pela proposta do CEFAM, que este buscava efetivar muitas das reivindicações resultantes da avaliação feita no Congresso mencionado e nos que o antecederam, mas, nem todas foram efetivadas. Apesar disso, o curso foi se firmando enquanto instituição formadora dos professores das séries iniciais do ensino fundamental e de educação infantil da pré-escola, possibilitando-lhes um curso de boa qualidade e em período integral. Conforme Zelante (1994, p. 91), pretendia "formar um profissional crítico com competência técnica e política, comprometido com a escola pública de 1º grau, pré-escola e sua clientela, proveniente na maioria das camadas menos favorecidas da população".

Foram feitas, então, críticas pelas diferenças entre as duas possibilidades de formação. Os argumentos mostravam que a formação do futuro professor proporcionada pela HEM era inferior, as condições de *trabalho* docente eram melhores no CEFAM, instituindo privilégios dentro da própria categoria. Além disso, os docentes que atuavam no CEFAM tinham possibilidade de vivenciar um processo coletivo de *trabalho* e de aprimoramento profissional, benefícios estes não estendidos aos docentes das demais Unidades Escolares.

O mesmo ocorreu com a criação das Escolas Padrão no Estado de São Paulo. De acordo com Zelante (1994, p. 21), a educação sofria uma crise influenciada principalmente pela desvalorização da carreira do magistério, pela descontinuidade dos projetos educacionais e, além disso, por medidas e soluções "fragmentárias, imediatistas e, na sua grande maioria, com fins eleitoreiros".

Esses estudos concluíram que os CEFAMs, como foram estruturados, poderiam superar a inespecificidade da HEM, tornando-se a saída ideal para o resgate da qualidade no ensino para a formação do futuro professor no ensino médio.

Outra proposta defendida por Buffa e Nozella (apud NEVES, 1996), visando à melhoria da qualidade da formação oferecida aos futuros professores e sua valorização profissional, foi apresentada durante o III Encontro Estadual Paulista sobre a Formação de Educadores. Os autores apontavam como fatores causadores da crise da escola tradicional as transformações econômico-sociais no Brasil e o impacto do processo de urbanização e industrialização, propondo que a formação dos professores para as séries iniciais ocorresse no ensino superior.

Esta preocupação continuou presente no IV Congresso Estadual Paulista Sobre Formação de Educadores em 1996, ocasião em que o "grupo de *trabalho* traçou um perfil identitário deste professor e propôs que sua formação ocorra em Centros de Formação Específicos e Públicos" (NEVES, 1996). Na Lei de Diretrizes e Bases da Educação Nacional de 1996, é afirmado que a formação de professores de Educação Infantil e Ensino Fundamental deverá se dar no ensino superior, exigência essa também para os professores em exercício na rede pública de ensino (BRASIL, 2000).

Quanto à questão da formação do/a professor/a no ensino superior, Neves (1996) ainda argumentou que as Universidades tinham uma parcela de responsabilidade na situação da educação brasileira no que se referia à formação de profissionais destinados a todos os níveis de ensino devendo haver um questionamento e enfrentamento desta formação. Por outro lado, as faculdades paulistas precisavam contar com vagas para atender à demanda e também com recursos materiais e humanos, além de realizar um estudo aprofundado sobre a natureza dessa formação e contar com departamentos habilitados para realmente oferecer um curso de qualidade para esse professor que ministra múltiplos e específicos conteúdos.

Diante da ineficiência das medidas tomadas historicamente, fragmentárias, imediatistas e com fins eleitoreiros, seria mais uma reprodução dos problemas enfrentados pelos cursos de formação de professores anteriores com o agravante de negar uma formação profissional às jovens que optavam pelo magistério por necessitarem ingressar prematuramente no mercado de *trabalho*. Ante o exposto, torna-se discutível a formação de professores no ensino superior, o que em outras circunstâncias seria ideal.

A escola representa o espaço político onde os jovens deverão adquirir os conhecimentos necessários para a formação da cidadania. Se o conhecimento é o suporte para esta formação, conforme Ferreira (1994, p. 222), a formação do professor também deve ser orientada neste sentido pois ele também "necessita romper com a leitura superficial da sociedade para que possa, com competência, orientar seus alunos, ensiná-los a analisar a estrutura social, os momentos conjunturais de seu país".

Percebe-se então, que é premente, para os cursos de formação de professores, uma cultura política efetiva que conduza ao exercício da cidadania. Isto porque, como poderá a professora, que é principal agente do processo ensino-aprendizagem, refletir sobre seu trabalho e orientá-lo para a real formação do cidadão? Se ela não reconhecer o sentido político da escolaridade básica, poderá orientar seus alunos a fazerem uma leitura consciente e crítica da sociedade?

3.5.2 O Magistério foi importante para a mulher nos anos de 1990?

Visando obter respostas para as questões levantadas, ou seja, o porquê da escolha do magistério e também se questões de gênero são temas de reflexão nos cursos de formação de professores, foram feitas entrevistas com alunas da HEM, CEFAM de Marília, e também utilizado dados das pesquisas de Zelante (1994) e Barros (1995) sobre o CEFAM, e de Neves (1996) acerca da HEM.

Nestas observações, ficou evidente que a motivação para a escolha da profissão deu-se principalmente pela afinidade de se trabalhar com crianças. Isto mostra mais uma vez as identificações e representações ligadas à vida cotidiana, ou seja, a força da socialização influenciando a escolha, vendo-se a vinculação do magistério ao trabalho doméstico. Como Bruschini sugeriu, as carreiras consideradas não são apenas escolhas profissionais, mas também oportunidades que a mulher encontra para pôr em prática habilidades que aprendeu desde a infância. A questão que se coloca é que as afirmações "gostar de trabalhar com crianças" ou "gostar de crianças", não garante que se tornem boas professoras; não lhes ocorreu que independente de todas as boas intenções, a educação tem a sua especificidade, que é muito complexa e abrangente.

Outros motivos a salientar e que foram também observados em outras pesquisas, são: maior facilidade para a obtenção de um diploma e por poder exercer uma profissão mais rapidamente, já que não poderiam pagar outro curso; procuraram o magistério por acreditar que se tratava de um curso mais fácil do que aqueles que escolheriam e por não ter outra oportunidade; esteve presente também o mito da ascensão social por meio da aquisição do diploma do magistério.

Este foi o motivo expresso pelo único representante do sexo masculino a freqüentar o 4º ano da HEM no ano de 1994: tendo já a profissão de mecânico, não se sentia satisfeito e "a exercia sem prazer por se tratar de um trabalho manual, grosseiro e que não possibilitava aquisição do saber"; por isso resolveu cursar o magistério que também atenderia a esta expectativa, além de possibilitar uma nova profissão.

Por meio dos dados coletados sobre a origem dos pais dos alunos do CEFAM, pôde-se perceber a aspiração à ascensão social via magistério, diferente do estereótipo do passado, ou seja, do magistério como *curso espera marido*.

Barros (1995) mostrou, em 1993, que 7% dos pais e 8% das mães dos 60 alunos do CEFAM de Marília, que foram entrevistados, eram analfabetos. A maior freqüência de grau de instrução ocorreu no Ensino Fundamental, aí se colocando 35% dos pais e 48% das mães dos alunos entrevistados.

Quanto à profissão, a maioria de pais e mães encontrava-se no setor terciário da economia. A quase totalidade das mães dedicava-se ao trabalho doméstico, não remunerado; apenas 10% faziam trabalhos domésticos fora do lar, remunerados. Com relação aos pais, havia uma grande variedade de empregos. Estes resultados levam à conclusão de que o fato dessas jovens cursarem o magistério pode representar uma melhoria de vida, e um ganho real (embora pequeno) relativamente à condição de seus pais.

Com relação ao CEFAM e à procura do curso, ficou ainda evidente que um atrativo a mais foram as bolsas de estudo. Sem isto não poderiam fazer o curso em período integral, pois a família não teria condições de mantê-los durante os quatro anos do curso. Naquele momento observamos um aumento no número de homens a procurar o curso.

A grande maioria dos alunos dos cursos de formação de professores pertence ao sexo feminino, e a quase totalidade pertence às camadas menos favorecidas da população. Com a possibilidade de uma bolsa de estudos, estas moças tiveram a chance de acesso a um curso de formação profissional de qualidade.

Isto representa um momento atípico na formação das professoras e significa um avanço ante a crise vivida pela educação, tanto que, conforme observado por Zelante (1994) e Barros (1995), nos concursos públicos para a pré-escola do município, elaborados por docentes da Unesp de Marília em 1993, dos 88 aprovados 22 provieram do CEFAM e, em 1994, dos 99 aprovados 45 concluíram o curso nesta mesma instituição.

Apesar de inicialmente procurarem o curso porque o mesmo era remunerado, externando que este proporcionou uma reflexão maior sobre a carreira e também contribuiu para a formação de uma profissional comprometida com a melhoria da qualidade do ensino, ao final do curso, dos 60 alunos entrevistados, 45 disseram gostar da profissão e tinham o compromisso de contribuir para sua melhor qualidade. Apenas 10 ainda estavam em dúvida se iriam exercê-la e 5 estavam certos de que não a exerceriam devido à má remuneração, segundo dados de Barros (1995).

Em outras entrevistas com alunas da HEM e CEFAM, quando questionadas sobre os graves problemas enfrentados pelo magistério, responderam que apesar de todas as dificuldades, optaram por gostar de trabalhar com crianças.

Na escola de ensino fundamental, objeto de nosso estudo, constatamos a mesma motivação referente à escolha do magistério pelas meninas que, desde o 1º grau, estudam na referida escola. Do total de alunos que chegam ao final do Ensino Fundamental, poucos continuam os estudos, pois já estão no mercado de trabalho, freqüentando o período noturno. Outro fator impeditivo é que não há no bairro outra escola que ofereça continuidade, como afirmou a assistente de direção.

Entre os que continuam os estudos, a maioria é composta de jovens do sexo feminino que vão cursar a HEM e algumas o CEFAM. Isto parece comprovar que está presente entre essas jovens a esperança de ascensão social e intelectual que a carreira do magistério poderia proporcionar para a comunidade daquele bairro.

Com relação à questão de gênero e feminização do magistério, quando questionadas, algumas alunas da HEM disseram que o tema fora abordado de forma breve em algumas disciplinas, dependendo da professora. No que tange ao sexismo no livro didático, relações de gênero na escola demonstraram não ter sido objeto de estudo durante o curso. Não foi feita verificação se estes assuntos faziam parte dos planos de curso, já que constam do conteúdo a ser desenvolvido por não ser o intuito deste trabalho o aprofundamento da formação da professora.

Não obstante este aspecto não ser objeto de maior consideração neste estudo, a nosso ver, são temas importantes tanto para estimular uma reflexão crítica das futuras educadoras sobre seu papel na sociedade como para fornecer subsídio à reflexão sobre sua prática com relação à questão de gênero na escola.

Se a professora não for sensibilizada sobre seu papel social enquanto mulher e professora, agente da educação para a transformação da sociedade, ela continuará a atuar, inconscientemente, como conservadora e também reforçadora da discriminação da mulher que, sutilmente, aparece em alguns livros didáticos, nas relações diárias na escola na interação com e entre seus alunos e também nas relações hierárquicas (de poder) que se estabelecem no cotidiano escolar.

Consideramos oportuno, agora, refletir sobre os aspectos já citados quanto à relação de gênero na escola, partindo da premissa de que a escola não é neutra, de que se vive numa sociedade que não é igualitária, que separa superiores e inferiores a partir de critérios que precisam ser desmistificados, discutidos, enfim, colocados à tona.

Isto não só com relação à questão de gênero, alvo principal deste estudo, mas também de raça, classe e qualquer forma de discriminação. Por isso, reproduziremos a seguir as palavras de Ferreira

(1994, p. 221), pois estas vêm ao encontro do que se pensa sobre a educação igualitária de meninos e meninas para a cidadania.

> A educação para a cidadania precisaria empenhar-se em expurgar de cada homem as crenças, as fantasias, as ilusões e, quem sabe, as paixões, que em nada contribuem para o desenvolvimento da consciência crítica. Sob esse enfoque, a ingenuidade, para não dizer a ignorância, é profundamente negativa, já que a pessoa ingênua é facilmente enganada pelos detentores do poder. Movendo-se no espaço das crenças e opiniões, ela não consegue discernir o foco de sua dominação e acaba aceitando o discurso hegemônico do interesse geral criado pelo consenso.

Se para os meninos as palavras da autora são oportunas, o que não dizer para as meninas que, durante o processo de formação de sua identidade, assimilam desde cedo valores, padrões de comportamento, características ditas *femininas*, numa ideologia que historicamente discriminou e ainda discrimina a mulher.

Diante do que se observou até o momento, e sendo a escola uma instituição que prepara o estudante para o mercado de trabalho e, como visto, historicamente direcionou meninos e meninas para determinadas profissões, o capítulo subseqüente será dedicado ao trabalho exercido pela mulher na sociedade.

4. Mulher e trabalho

4.1 Fatores condicionantes para a escolha da profissão

Neste capítulo apresenta-se uma reflexão sobre o trabalho da mulher, a dupla jornada de trabalho, a divisão de trabalho entre os sexos. Estes fatores condicionam a escolha da profissão. Se o trabalho é importante para a posição da mulher na sociedade e para sua cidadania, pode-se afirmar como Groppi (1995), que a sociedade concebeu o trabalho para a mulher como para conceder meia cidadania ou cidadania imperfeita?

Como visto anteriormente, o valor do trabalho feminino é um problema universal e histórico, e a posição da mulher varia de sociedade para sociedade, de acordo com as relações econômicas e políticas predominantes. Como Blay (1984a, p. 1) argumenta, "embora se tivesse constatado, depois de centenas de pesquisas, que a opressão feminina é universal, cada nação tem seus próprios caminhos culturais, econômicos e políticos de pôr em prática esta subordinação".

Mesmo nas sociedades em que a mulher se encontra numa posição mais igualitária em relação ao homem, como na sociedade norte-americana, a organização do trabalho, após a Segunda Guerra Mundial, com base na segmentação, influiu e limitou as oportunidades de emprego para as mulheres e trabalhadores das minorias. A manipulação que as forças produtivas fizeram sobre o trabalho feminino, naquele país, definiu não só as áreas nas quais se permitiu que elas continuassem ou começassem a atuar, como também as privou de ascender a cargos administrativos de maior influência, tornando-as sempre subordinadas aos elementos masculinos onde trabalhavam[10]. A elas se recorria também como mão-de-obra barata em potencial, tanto nas indústrias como no comércio. Conforme Gordon (1986), isso explicava a proporção do emprego feminino nos Estados Unidos, na sua maioria concentrado nas indústrias manufatureiras, comércio, escritórios, setores educativos e sanitários, representando 95% do emprego total no ano de 1970.

É interessante observar esta questão, sobretudo num país em que, desde sua colonização, a mulher encontra-se culturalmente em uma posição mais valori-

---

[10] BEAUVOIR (1970, p. 162) a isto se refere, dizendo que: "sua condição aproximou-se das mulheres européias [...] que legalmente tinham assegurados os papéis religioso e moral, mas quem detinha o poder maior na sociedade, também, como nas outras sociedades, era o homem".

zada, tanto na família quanto na sociedade, para mostrar o quanto é difícil para a mulher firmar-se, enquanto cidadã, por meio do trabalho. As imposições sociais são muito grandes e nada facilitadoras, e seja em sociedades socialistas ou capitalistas a elas são destinados os cargos de menor prestígio e remuneração.

Relembrando a retrospectiva histórica antes apresentada no caso brasileiro, dada a maneira como se deu a formação da nossa cultura, as barreiras para a população feminina foram por muito tempo, intransponíveis. Como Saffioti (1969) e Blay (1978) analisam, a força de trabalho feminina pode ser empregada em larga escala no mercado formal de trabalho em função das necessidades da sociedade de classes: quando é indispensável baixar os custos de produção, quando é preciso elevar seu ritmo de crescimento econômico.

Como comprovação disto, justamente na década da mulher observou-se uma queda na absorção de trabalhadores. No entanto, como Blay (1984c) mostrou que, no Estado de São Paulo, entre 1973 e 1977, a taxa feminina que era de 25,48% passou para 36,02%, houve a absorção de mais mulheres nas indústrias até no setor administrativo, contudo, as operárias eram, em sua maioria, semi-qualificadas. Ao mesmo tempo, observou uma redução dos salários das mulheres em geral.

Quando o ensino começou a ser organizado no Brasil, a educação feminina esteve vinculada ao papel da mulher na sociedade e a formação profissional articulada ao mercado de trabalho. Dificultava-se a entrada de mulheres no ensino superior, de modo que estas ascenderam ao nível universitário apenas após 1930. Na maioria dos casos, foram impelidas, pelo poder público e as famílias, aos ramos de ensino adequados às *profissões femininas*. Saffioti (1969, p. 246) assim se coloca sobre a questão:

> As *aspirações de ascensão social, grandemente responsáveis pela maior atenção merecida hoje pela educação feminina e pelo engajamento da mulher nas ocupações fora do lar, não superam, contudo, a necessidade que a sociedade de classes apresenta para manter seu próprio equilíbrio de hierarquizar as ocupações masculinas e femininas, em defesa da posição de chefe que o homem ocupa na família e na sociedade. Assim, se a qualificação profissional da mulher interfere na posição ocupacional desta, a estratificação por sexo intervém, não raro de modo negativo, quer na qualificação da força de trabalho feminina, quer no posicionamento da mulher na estrutura ocupacional.*

Isto pôde ser observado desde o Império, e de forma mais acentuada na República, como afirmam Saffioti (1969) e Tanuri (1979). A sociedade é que conduziu a população feminina para certos ramos de ensino menos valorizados socialmente, como ocorreu com relação à feminização do magistério do ensino fundamental e, posteriormente, num processo análogo, quanto ao magistério nas escolas de ensino médio. O poder público impelia a mulher à realização de cursos como: pedagogia, letras, geografia e história, mesmo que estivessem habilitadas a ingressar em outros cursos superiores.

De acordo com Saffioti (1969), mesmo ascendendo ao ensino superior, observava-se uma maior concentração, por exemplo, nas Faculdades de Farmácia, cuja explicação está no processo de desvalorização social sofrido pela profissão de farmacêutico; nos conservatórios musicais, porquanto a música era valorizada na educação da menina; no ensino comercial de nível superior e também no ensino técnico profissional que qualificaria a força de trabalho para atuar nas atividades terciárias. A sociedade, de modo geral, e as famílias, de modo especial, tornaram a decisão acerca de em quais setores da economia deveria ser empregada a força feminina de trabalho.

Ainda hoje se observa que o sistema educacional formal direciona ambos os sexos para certos ramos de ensino e as escolhas para tais áreas se dão a partir das determinações estruturais e ideológicas. Como Rosemberg e Pinto (1985) afirmam, as mulheres fazem as escolhas como uma estratégia de sobrevivência ante as contradições da vida cotidiana; isso inclusive explica a grande maioria de alunas nos cursos de formação para o magistério, assim como o corpo docente predominantemente feminino nas escolas de educação infantil e de ensino fundamental do País, mesmo diante da desvalorização profissional.

Entre outros fatores determinantes da maior ou menor participação da mulher no mercado de trabalho, a escolaridade é muito importante. De acordo com Gouveia (1980, p. 4), acredita-se que "a educação seja um fator na determinação do *status* ocupacional e da situação econômica não só da mulher mas também do homem; através dela, pode-se contribuir para a redução das desigualdades sociais".

E, neste sentido, que a escola possa influir positivamente para a situação econômica da mulher, pois se observa que nas classes menos favorecidas e com baixo nível de instrução as possibilidades de trabalho limitam-se às ocupações relacionadas à prestação de serviços, quase sempre como empregadas domésticas, freqüentemente sem carteira de trabalho e sem os demais direitos a que fazem jus[11].

Concebe-se que é no magistério que se encontra a grande força da mulher para a transformação, pois sua atuação como educadora é histórica e, no entanto, devido à subordinação da escola ao poder público, às classes dominantes e à própria organização do trabalho no sistema escolar, as mulheres não percebem que são discriminadas. A escola desempenha ainda hoje o papel de transmissora da cultura na ótica da ideologia dominante, ao invés de criar novos padrões culturais humanizantes.

---

[11] O Conselho Nacional dos Direitos da Mulher - CNDM, visando a ampliação e efetivação da cidadania da mulher brasileira, promove o I Encontro Nacional *A Mulher e as Leis Trabalhistas*, em Brasília, 1987, propondo a elaboração de um novo texto constitucional.

Devido à organização sexual de trabalho na sociedade brasileira, a jornada de trabalho da mulher professora é estafante, à medida que esta assumiu várias jornadas, visto que o trabalho doméstico ainda continua a ser desempenhado basicamente por ela. Sua atividade profissional está subordinada à família e em posição subsidiária à do *chefe da família*. Esta é a realidade para a maioria das professoras casadas.

Assim, está-se diante de um círculo vicioso, difícil de ser rompido. Se as mulheres concebem ideologicamente seu trabalho como ajuda, embora seja essencial atualmente, não chegam a formar uma identidade profissional para si mesmas. Não tendo tempo para ler, fazer cursos e refletir sobre seu papel de mulher e educadora, não consegue romper com o papel de reprodutoras de modelos discriminadores, tanto nas relações professora/aluno, direção/professora, quanto na parte pedagógica. Blay (1978), ao analisar o trabalho feminino na indústria paulista, constatou que apesar das mudanças econômicas, não ocorreu mudança social em todos os aspectos da sociedade. Naquele momento e, podemos acrescentar, até hoje, coexistem padrões legais, destinando uma posição social à mulher idêntica ao do homem, e padrões reais, caracterizando a permanência de valores antigos. Conforme Blay, (1978, p. 284), "as contradições atingem a própria mulher, que faz uma imagem destoante de seu comportamento de fato: trabalha, mas tem dúvidas se deve fazê-lo e não reconhece o valor de sua atividade profissional".

Ao agir na educação das crianças e dos jovens de modo conservador e até contra a libertação da mulher, não questionando preconceitos e ideologias desvalorizadoras da mulher, as professoras agem como agentes e pacientes da dominação e da subordinação que, de certa forma, ainda existem. A nosso ver, alternativas de mudanças estão presentes, mas freqüentemente são menosprezadas, como é o caso das Propostas Curriculares para o Ensino Fundamental (SÃO PAULO, 1992) que propunham estimular atividades como: cooperação, companheirismo, socialização em grupo, união, respeito ao direito do outro etc..

O conteúdo e a metodologia que sugeriam levavam o/a aluno/a a conhecer, a partir de seu cotidiano, as relações de trabalho, as injustiças sociais no que diz respeito a gênero, raça e classe presentes na sociedade. Objetivavam que se reconhecessem como *sujeitos da história*, pessoas integrantes do processo social, o que pressupõe ação e transformação, como se observa nos eixos temáticos para o ensino de História:

> *A criança constrói sua história - Ciclo Básico.*
> *A construção do Espaço Social: Movimentos de População - Terceira e Quarta séries.*
> *O construir das Relações Sociais: trabalho - Quinta e Sexta séries.*
> *O construir da História: Cidadania e Participação – Sétima e Oitava séries* (SÃO PAULO, 1992).

Informa, ainda, que as crianças

> *chegam à escola providas de um esquema de valores e de um conjunto de informações que lhes permite situar-se na realidade. A rigor, esse esquema não vai além de um conjunto de regras de conduta que estabelecem o proibido e o permitido, configurando-se em posturas ideológicas. Os valores se impõem através de práticas rotineiras, repetitivas, ditadas pela lógica do sistema e cumprem o papel de reafirmação do existente (SÃO PAULO, 1992).*

Sem a reflexão a este respeito por parte da professora e um reordenamento de sua ação pedagógica com este objetivo, não se educará, a nosso ver, verdadeiramente para a cidadania. Vale reforçar que esta é uma conduta necessária tanto para a professora como para a escola como um todo, pois apesar de se ter conseguido avanços, por exemplo, com relação ao direito de trabalho e à igualdade de salários, a questão das diferenças salariais ainda afetam países ricos ou pobres.

Como Verucci (1987) afirmou, a convenção da Organização Internacional do Trabalho de 1951 tratou, pela primeira vez, da remuneração igual para ambos os sexos, e a Convenção de 1958 debateu a questão da discriminação profissional. Ambas podem ser consideradas os marcos no progresso dos direitos da mulher. No Brasil, o Decreto nº 21.417-a, de 17 de maio de 1932, pode ser considerado o marco inicial da legislação protetora do trabalho da mulher. Mas, a Carta de 1937, depois do Golpe de Estado que instaurou o Estado Novo, apesar de ter incorporado quase todos os direitos trabalhistas, inclusive os referentes à proteção da mulher, consagrados pela Constituição de 1934, aboliu o direito fundamental: o direito à igualdade de salários para trabalhos de igual valor, proibiu a greve e retirou a autonomia dos sindicatos. Com a promulgação da CLT, em 1º de maio de 1943, o trabalho da mulher foi minuciosamente regulamentado (CONSELHO ..., 1987). Como já mencionado, apesar da regulamentação legal, ainda hoje a força de trabalho feminina no mundo está concentrada em atividades limitadas e em níveis inferiores aos dos homens nas mesmas funções.

Mesmo com os avanços sobre as relações entre os sexos, na família e na sociedade, avanços na legislação em favor das mulheres, decorrentes da urbanização e industrialização, das pressões dos órgãos internacionais, e também dos movimentos feministas, observa-se que, ainda hoje, o problema da discriminação da mulher na sociedade está longe de ser solucionado. Neste processo foram cometidos alguns equívocos que, ao invés de libertar a mulher, escravizaram-nas, se se considerar as várias jornadas de trabalho a que muitas estão submetidas, como no caso das professoras.

Isto pode ser constatado no dia-a-dia das mulheres, mesmo das que ascenderam profissionalmente, e por isto têm uma posição de destaque, já que seu trabalho tem reconhecimento social, proporcionando uma remuneração justa e a independência financeira. Estão amplamente inseridas no mercado de trabalho, muitas vezes em profissões anteriormente masculinas. Em contrapartida, não estão dividindo com seu marido as responsabilidades domésticas. Como qualquer outra trabalhadora, se não contar com os serviços de uma profissional para cuidar desta parte, só a elas caberá esta responsabilidade. Mesmo as camadas menos favorecidas, como observado em entrevista com as mães de alunos, sofrem esse problema. Essas mulheres também sentem a necessidade e a falta de um trabalho fora do lar, mas abdicam desta vontade própria em favor da família.

O trabalho doméstico e certas atividades amplamente exercidas pela mulher não são reconhecidas oficialmente. As estatísticas que apresentam o montante de mulheres que fazem parte da População Economicamente Ativa não incorporam uma grande parte delas que sobrevivem do exercício da economia informal. É o caso da trabalhadora rural não organizada e não qualificada, como também as tarefas domésticas, que são desconsideradas na soma total dos valores econômicos. Essa questão prevalece inclusive nos países socialistas.

A nosso ver, esse é um dos principais problemas enfrentados pela maioria das mulheres no que se refere a sua emancipação. A divisão de trabalho na nossa sociedade, convém novamente frisar, não é igualitária para ambos os sexos, e os padrões de comportamento ainda extremamente valorizadores do homem fazem com que, no lar, a mulher encontre a primeira e principal barreira para sua realização profissional.

Para a professora, profissional da educação, esse é um importante fator a ser mencionado, pois com a desvalorização do seu trabalho, que inclui degradação do salário, ela se vê obrigada a desempenhar duas ou mais atividades, o que constitui a dupla e até tripla jornada de trabalho. Como observado nas entrevistas feitas com as professoras da rede pública, havia mulheres viúvas ou separadas que tinham sob sua responsabilidade a família; mesmo quanto às casadas, seu salário era cada vez mais essencial para a manutenção familiar.

Talvez isto seja uma utopia, mas mesmo assim é preciso continuar almejando uma sociedade mais justa. Sem o questionamento sobre este tipo de trabalho historicamente desenvolvido pela mulher, que limitou e limita sua participação na sociedade, não se conseguirá mudanças profundas na sociedade. É preciso chegar ao âmago do problema: a nosso ver, a solução reside na valorização e divisão do trabalho doméstico.

Pela herança cultural e ideológica das quais a mulher é vítima, pode-se afirmar que é dentro do lar que se deve iniciar uma *revolução* em favor de ambos os sexos, objetivando uma forma democrática de viver o cotidiano. Como é justamente no lar onde a mulher encontra mais resistência para alterar esta situação, pensa-se que a reflexão deva começar na escola.

Segundo a teoria do *esquema de gênero*, este, é ideológico e reforçado tanto formal quanto informalmente. Para que as crianças não sejam enquadradas desde pequenas a este *esquema de gênero* tal como existe e para que transformações ocorram, a aprendizagem delas deve, de acordo com Saffioti (1994, p. 154), "limitar-se a diferenças entre homens e mulheres, típicas do contexto da reprodução, diminuindo-se as associações em cadeia que se formam entre sexo e as demais dimensões da vida social, assim como a importância do gênero [...]". Homens e mulheres precisam redefinir seus papéis, portanto essas reflexões devem ser feitas desde os primeiros anos de vida escolar da criança, procurando efetuar mudanças nos comportamentos e costumes que inferiorizam a imagem da mulher e tudo o que a ela se refere, como seu trabalho, suas necessidades, suas especificidades, enfim, o universo feminino.

Vive-se atualmente um processo de mudança nas relações sociais e sobretudo entre os sexos, mas ainda há muito por resolver e, neste sentido, acredita-se que a escola tenha perdido a chance de dar sua contribuição para uma evolução em tais relações. As ideologias estão cada vez mais presentes e mais complexas, e a educação tem como obrigação formar pessoas que tenham conhecimento crítico sobre a realidade da sociedade.

Trata-se de levar as crianças, os adolescentes e as professoras a se verem como sujeitos da história, como pessoas que vivem suas experiências dentro de determinadas relações, permeadas por "necessidades/interesses/antagonismos; trabalhando-as em suas consciências e sua cultura de múltiplas formas, agindo sobre sua situação histórica a partir dessas reflexões", como sugere a

Proposta Curricular para o Ensino de História (SÃO PAULO, 1992, p.13).

É preciso, como já afirmado, proporcionar à menina situações que a levem a adquirir características consideradas *masculinas*, como autonomia, sentimento de liberdade e independência, liderança, sem promover o individualismo, mas, ao contrário, estimular o coletivo, da mesma forma que se deve propiciar aos meninos vivências para que estes adquiram características *femininas* para que se rompa a divisão mundo masculino/mundo feminino (ENSINO..., 1996).

A escola deve, então, trabalhar em todos os níveis de ensino com o que apregoa Scott (apud SAFFIOTI, 1994), recusando-se a "[...] opor igualdade à diferença e insistir continuamente nas diferenças – na diferença como condição para as identidades individual e coletiva, [...]". Esta postura pode ser tomada como estratégia para reivindicar uma igualdade que repousa em diferenças, para que todos, embora diferentes, tenham direitos iguais e se reconheçam como "sujeitos de direitos".

Diante das considerações feitas, no capítulo que se segue dedicar-se-á a uma reflexão sobre como a questão feminina aparece na escola e, também, resgatar-se-á um momento em que a questão de gênero foi amplamente debatida nas escolas públicas paulistas. Se esse processo tivesse continuidade, a partir daquele momento, poderia ter contribuído para que uma evolução ocorresse na escola, em termos de uma prática sensível à temática de gênero.

5. Magistério: profissão feminina que discrimina a mulher

Aparentemente, a escola é neutra, oferece as mesmas disciplinas e horários para meninos e meninas, direitos e deveres iguais para ambos os sexos. Mas, ao se observar o cotidiano escolar e se analisar as relações que em seu interior se estabelecem, assim como os conteúdos e a forma como são tratados no processo ensino-aprendizagem, constata-se o que já foi dito: a escola atua como reprodutora de práticas sexistas e a escola é sexista.

Enquanto reprodutora, observa-se que a escola reforça processos que ocorrem fora dela, reproduz as hierarquias preexistentes na família, no mercado de trabalho e na sociedade como um todo. Ainda hoje, parece que a escola se encontra separada do todo social, principalmente com relação à problemática feminina. Como Rosemberg e

Amado (1992, p. 66) afirmam, "[...] nesta instituição reprodutora e não geradora de contradições, convivem receptores passivos da ideologia dominante".

Diante das mudanças ocorridas na sociedade e também objetivando dar continuidade a estas mudanças no sentido de se reverter a situação de submissão e discriminação feminina, considera-se que há necessidade urgente de se refletir e problematizar as questões do gênero com as gerações futuras.

Para exemplificar uma situação do cotidiano da escola, onde se constatou a não percepção da necessidade de discutir as relações sociais na escola, em 1995, quando foi dado um espaço para a análise e reflexão crítica pelas professoras, sobre o livro didático a ser adotado para o ano de 1996, que, além da aprendizagem, enfocasse questões atuais, estas deram ênfase principalmente ao primeiro aspecto. Pouca importância foi dada aos temas que envolviam relações sociais ou problemas da atualidade, com a justificativa de que um livro com estas características era muito sério, quando, na realidade, ele tratava de assuntos vivenciados pelas crianças diariamente. Ainda persiste, em alguns casos, a visão de que a escola está à parte da sociedade, mesmo que o discurso diga o contrário.

Quanto ao outro ponto a que se referiu, ou seja, o de que a escola é sexista, além de reforçadora, verifica-se que um dos primeiros problemas existentes é a ausência da figura masculina na função de educar crianças pequenas, desde as creches, escolas de educação infantil e de ensino fundamental, público ou particular: os professores são mulheres, os homens (cada vez em menor número), quando aparecem, desempenham na maioria, funções de diretores e supervisores.

De acordo com Whitaker (1989), somente nas séries finais do ensino fundamental, quando a função do/a professor/a se especializa, aparecem ambos os sexos, entretanto, até este momento as crianças já assimilaram estereótipos desvalorizadores da função da professora, uma vez que a escola reproduziu a situação da família, com o homem ausente, que detém o poder, e a mulher exercendo profissões que suplementam o lar. Além disso, após este nível de ensino, muitas crianças já estarão fora da escola tendo assimilado aquela imagem da professora prevalecendo a visão distorcida da profissão. Continua, assim, a idéia assimilada pelas crianças pequenas que as levam a chamar a professora de *tia*. Ao proclamar as professoras como boas tias, presume-se que boas tias não devem brigar, se rebelar ou fazer greve; como Freire (1993) sugeriu, é nesta ideologia que se apóiam as famílias dos alunos, seja da rede privada ou pública e, de certa forma, também as professoras que trabalham com crianças pequenas para não aderirem às greves, negando o aspecto político inerente a sua profissão.

Outro problema inicialmente colocado, ou seja, o fato de que a professora, por não ter uma visão clara sobre a questão de gênero, contribui para a continuidade de velhas crenças impregnadas de ideologias desvalorizadoras do papel da mulher na história, encontra-se nos currículos ou na forma como estes são apresentados, carregando uma visão masculina do Universo. Para melhor exemplificar, apresenta-se na íntegra a síntese feita por Whitaker (1989, p. 11). A autora assim se expressa:

> A história do Brasil começa com a chegada do homem branco. Daí, os índios aparecem com algumas mulheres, mas estas serão tratadas como apêndice da colonização. Esta aparece como tarefa masculina. Os nomes dos homens se sucedem: comandantes de expedições, capitães donatários, governadores. Chegam os holandeses. Há jesuítas e bandeirantes. Onde estão as mulheres e os negros? Este também aparece pouco, embora de seus braços e de seu sangue tenha brotado a riqueza colonial. A mulher negra é lembrada como mãe negra ou objeto sexual. Na família patriarcal, as mulheres são sempre submissas. Desde a história antiga há um constante reafirmar da sujeição feminina [...].

Mesmo que a história oficial não tenha feito justiça quanto ao papel desempenhado pelas minorias, entre elas a mulher, cumpre à professora resgatar a sua contribuição, promovendo a reflexão crítica sobre os condicionantes desta realidade com o objetivo de esclarecer, compreender e avaliar o momento atual. A abordagem histórica deve promover a reflexão sobre os movimentos sociais, como, por exemplo, o feminismo, pois estes impulsionaram mudanças em favor dos direitos de todos.

Na retrospectiva histórica sobre o papel da mulher no Brasil constatou-se que a cultura impregnada de ideologias, em cada momento histórico, contribuiu para a discriminação e sujeição feminina. Os currículos escolares fazem um corte nas relações sociais, no cotidiano, omitindo, por exemplo, o que foi questionado por Whitaker (1989), que era a mulher paulista que administrava as propriedades durante as prolongadas ausências dos bandeirantes.

A autora ainda revela que a família popular no Brasil Colônia não era patriarcal, e que mulheres chefiavam famílias, trabalhavam pelas ruas, pelos campos, foram comerciantes, participaram de conspirações, exerceram influência indiretamente nos bastidores sobre homens que ocupavam cargos de importância na esfera pública. A presença predominantemente masculina é sempre destacada, e nenhum currículo discute o porquê da ausência feminina nas grandes conquistas da humanidade. Quando a opressão da mulher é ensinada, nunca é feita com um enfoque crítico. Mesmo atualmente existem exemplos, em toda parte, de violências contra mulheres e crianças por ocasião de conflitos mundiais. Seria um momento ideal para se questionar, em sala de aula, as injustiças sociais, o porquê da omissão de fatos.

Outra forma de sexismo observada na escola é a de que se espera das meninas um comportamento obediente, dócil, meigo, ao passo que aos meninos é justificado ter comportamentos agressivos, sob a alegação de ser uma das características masculinas. Isto mostra que a escola reflete os valores discriminatórios da sociedade abrangente, além destes também terem origem na própria cultura escolar. Como Barroso (1985, p. 71) mostra, no cotidiano da escola exige-se comportamento obediente dos alunos por vários motivos, dentre os quais, pela posição de dominação a que é submetida a infância, pela organização formal da escola ou ainda pelas "dificuldades materiais concretas como: número de alunos, limitação de espaço etc.) que tenderia a reforçar estes mesmos componentes sexistas criados e reforçados por outras instituições".

Finalizando a reflexão, não se pode deixar de colocar a visão diferente de outros autores que trataram o assunto, como a defendida por Enguita (1989). O autor sugere que a escola seja, na atualidade, o espaço social menos sexista. Diz ele:

> *A evolução da escola não pôde deixar de produzir efeitos sobre outras esferas da sociedade e sobre outras relações de produção: a família patriarcal. Todas as acusações, sem dúvida justas, que se podem fazer contra a educação formal no sentido de que contribui para reproduzir o sexismo e a dominação patriarcal – através do conteúdo do ensino, dos estereótipos sexuais presentes na educação informal, da orientação escolar e profissional indicada por preconceitos de gênero etc., não devem ocultar o fato de que, ao menos desde que se generalizou a educação, as salas de aula são provavelmente o cenário cotidiano em que menos se discriminam as pessoas por seu sexo ou gênero. Se existe alguma dúvida sobre isto, basta compará-las com as empre-*

> sas ou com a própria família. As experiências vivenciadas pelas alunas mulheres, de igualdade formal frente aos alunos homens, de obterem com freqüência melhores resultados que eles e outras similares, fazem ver a ilegitimidade das discriminações no local de trabalho e na família e as convertem necessariamente em mais insuportáveis. Talvez isto contribua para explicar porque, no período recente, a posição frente aos homens evoluiu mais favoravelmente que a dos trabalhadores assalariados frente a seus empregadores (ENGUITA apud ROSEMBERG; AMADO, 1992, p. 67).

Diante das considerações do autor, tem-se que concordar: apesar de sexista, a escola é uma instituição que oferece ensino igualitário para meninos e meninas e representa um espaço social onde mulheres vivem, de forma menos acentuada, as subordinações de gênero. Talvez seja isto também que leve as educadoras a não pensar sobre a discriminação da mulher e nem o quanto a escola é omissa quanto a esta questão. Isto dificulta a percepção de relações que subjetivamente se instauram no cotidiano escolar e, por conseqüência, não muda a prática, já que aparentemente a escola é um espaço onde todos têm direitos iguais. Contudo, não se pode esquecer que se as meninas se saem melhor é porque se adaptam melhor a comportamentos passivos exigidos na escola aos quais elas foram condicionadas desde o nascimento. Conforme salientam Rosemberg e Amado (1992, p. 66), se meninas, adolescentes e mulheres adultas têm prazer de freqüentar a escola, se retornam à escola já na fase adulta ou se procuram novos cursos, isto ocorre porque não "dispõem de outros canais de sociabilidade, ou porque necessitam se superqualificar para concorrer no mercado de trabalho".

Por outro lado, as relações hierárquicas que o sistema escolar impõe, relações estas subjetivamente de poder, denotam remanescentes patriarcais, repercutindo desvantajosamente no funcionamento do sistema escolar. Como Pereira (1963) observou, é esperado, por exemplo, uma forma masculinizada de gerenciamento da instituição escolar quando no cargo se encontra uma mulher, e isto, muitas vezes, é internalizado por ela própria como forma de *controlar* alunos e professores, *impor respeito*.

Isto é observado não só na educação, mas também em outras áreas. Conforme afirma Schwartzenberg (1978, p. 93), é tão grande a influência dos valores ideológicos masculinos de autoridade e poder que até algumas mulheres quando ascendem a postos de chefia ou comando "ajustam-se às normas masculinas ao sistema de 'valores' viris, em lugar de inventar contravalores, uma contracultura política."

Concluindo, acredita-se que a escola pode ser um espaço social que possibilite transformações de comportamento e de pensamento sobre as crenças, ilusões e valores tradicionais que a sociedade impõe a seus indivíduos, os quais impedem o verdadeiro desenvolvimento de uma consciência crítica, a leitura real da sociedade para uma verdadeira educação para a cidadania. Para tal empreendimento – objetivo da educação, mas ainda inatingido – a ação da professora, entendida como agente da educação, é primordial. Como afirma Ferreira, (1994, p. 220), o valor social de seu trabalho não se resume à "transmissão do saber acumulado historicamente, mas implica outros saberes que afastem tudo o que constitua uma consciência ingênua".

A educação não pode descartar o meio cultural na formação da criança, pois como se sabe há um poder na sociedade que interfere na vida cotidiana das pessoas, os valores dominantes estão vinculados por todos os meios e a criança está exposta a eles desde pequena. Ela chega à escola com um esquema de valores que muitas vezes discriminam a mulher, e a escola, ao invés de refletir sobre estes valores e problematizá-los, continua com as práticas rotineiras, reafirmando-os e reforçando-os; mais uma vez, a neutralidade atua como reforçadora dos valores dominantes.

Portanto, o ideal seria um projeto em que todos os responsáveis pela educação estivessem realmente comprometidos no sentido de refletir e agir sobre todas as formas de discriminação, adequando o ensino para que mudanças se efetivem na prática. Acredita-se, contudo, que o papel principal neste sentido seria desempenhado pela professora, que tem o contato direto com a criança. Para formar o cidadão e a cidadã críticos, não se pode deixar de considerar que se vive numa sociedade não igualitária tanto em relação a gênero como no referente à raça ou classe social. Sem este reconhecimento não há como intervir, não há como promover transformações, e não se educará para a cidadania.

5.1 Debate nas escolas públicas sobre o papel da mulher na sociedade

A década de 1980 mais uma vez é lembrada, porquanto representou um momento único para a cidadania feminina, particularmente por ocasião do encerramento da década da mulher, quando houve intenso debate nas escolas públicas paulistas sobre o papel da mulher na sociedade. Isto pode ser observado nas palavras da dirigente da ATPCE (Assessoria Técnica de Planejamento e Controle Educacional), Profª Drª Sílvia Pimentel, no artigo à *Folha de S. Paulo*, de 7 de março de 1986:

> *A mulher da periferia tem agora um canal aberto para passar da sua luta localizada mais diuturna contra a carestia para uma ação política ampla, estruturada e de âmbito nacional. Passagem magnífica e promissora que cria um espaço novo para o exercício da cidadania e dos direitos da mulher, aqui, radicalmente identificados com os direitos de todos os cidadãos.*
>
> *É sob esta luz que se deve colocar o Dia Internacional da Mulher deste 1986. Chamo atenção para a decisão do 11º Fórum Nacional dos Secretários da Educação ao instituir para as escolas de*

> *todo o país um Dia Nacional de Debate sobre o papel da mulher na sociedade. Decisão assumida com muito empenho pela Secretaria da Educação de nosso Estado. Coerente com os propósitos democráticos do governo paulista e atenta à solicitação do Conselho Nacional dos Direitos da Mulher e do MEC/Inep, a Secretaria da Educação não poupou esforços para formular uma política concreta de ação no sentido de fornecer subsídios didáticos válidos voltados para a erradicação do preconceito a antifeminismo em nossa sociedade.*

Tratava-se de uma estratégia política do poder público em resposta às solicitações dos organismos internacionais e do movimento feminista. Mulheres de todas as regiões e de camadas sociais diferentes uniram-se, envolvidas num objetivo único: reverter no texto legal as injustiças que as mulheres brasileiras vinham sofrendo historicamente.

Sendo um projeto político, a educação não poderia ficar fora deste processo, pois, por meio de sua ação, poderia contribuir para acabar com o preconceito e estereótipos que discriminavam a mulher na sociedade, como se pode observar nas palavras de Pimentel (1987, p. 5), a idéia de educação "[...] Passa necessariamente pela cidadania; pela noção dos direitos e deveres; pela noção do respeito ao próximo e a si mesmo [...]".

Desta forma, o Ministério da Educação, via Instituto Nacional de Estudos e Pesquisas Educacionais, prestigiou a Proposta do Conselho Nacional dos Direitos da

Mulher de promover amplo debate nas escolas públicas do País sobre o papel da mulher na sociedade.

O resultado das atividades desenvolvidas pelas escolas da rede estadual de ensino no *Dia Nacional de Debates sobre o Papel da Mulher na Sociedade* foi transformado em relatórios e enviado pelos dirigentes ou responsáveis de 3.113 escolas à ATPCE da Secretaria de Estado da Educação e transformado num livro. Este foi enviado posteriormente às escolas, mostrando o resultado do projeto, contendo opiniões (ou conclusões) dos relatores, dos alunos ou de integrantes da comunidade; entre os relatores (quem redigiu e assinou os relatórios das escolas), a maioria (70%) era constituída por mulheres, 20% por homens e 10% por pessoas não identificadas.

Não houve discrepâncias nas conclusões da Capital, Grande São Paulo e Interior. No entanto, quando a escola se localizava em pequenas comunidades, percebeu-se a presença de hábitos tradicionais mais arraigados.

Os temas privilegiados giraram em torno de Educação-Família-Trabalho, que apareciam interligados, como ocorre na vida real, já que essas esferas não estavam nitidamente separadas. Por este motivo, a educação seria apresentada englobando as esferas da família, da escola e da educação informal, dada a sua interpretação e também porque nenhuma ação em alguma destas instâncias seria totalmente eficaz se não viesse acompanhada de ações paralelas nas outras esferas, o que se pôde constatar nos relatórios das escolas que diziam: "É sem dúvida a escola que deve impulsionar a mudança do lugar das mulheres na sociedade. Cabe essencialmente à escola acelerar esse processo de mudança". EEPG Ocauçu-DRE Marília-DE de Marília, Ocauçu (SÃO PAULO, 1987, p. 50), ou:

> Tomar consciência da discriminação não é o suficiente, pois algumas mulheres já a têm. O que não podemos é reproduzir o que aprendemos; precisamos refletir e mudar dentro da escola o que ensinamos. "Mudando nossas atitudes dentro das salas de aula e dentro de nossos lares, estaremos transformando e não reproduzindo o que aprendemos. Com isto, estaremos tentando superar essa discriminação. EEPSG Senador Filinto MULLER-DRE Sul-DE de Diadema (SÃO PAULO, 1987, p. 50).

Ficou claro, pelas conclusões, que se reconheciam as dificuldades de acesso da mulher à escolarização como um todo e às áreas que possibilitariam uma profissionalização mais próxima da masculina; eram ainda maiores porque os guetos educacionais femininos correspondiam aos guetos profissionais onde as mulheres eram sempre pior remuneradas, nos quais estava incluso o magistério. Colocou-se ainda que uma maior conscientização do corpo docente seria determinante, mas não suficiente, para conscientização dos alunos.

Abordaram-se as discriminações e estereótipos transmitidos pelo livro didático e pela literatura infanto-juvenil, que "avaliam um *status quo* pouco democrático ou escamoteiam as mudanças registradas na própria realidade cotidiana de muitos alunos" (SÃO PAULO, 1987, p. 49), pois muitas mães de alunos não só trabalhavam fora, mas freqüentemente eram as únicas responsáveis pelo sustento da casa. Na atualidade, isto se agrava ainda mais, tendo em vista que é grande o número de pais de alunos desempregados, sendo o salário da mãe o único destinado à manutenção da família.

A abordagem da imagem ideológica do papel da mulher também reforçada pelos meios de comunicação, com o uso inclusive da imagem e do corpo feminino para fins comerciais, teve uma maciça rejeição nas respostas das escolas, mas reconheceu-se ser os meios de comunicação um veículo de grande importância para uma possível atuação (positiva) por meio de amplas campanhas de esclarecimento sobre os problemas e limitações que afetavam as mulheres e outros grupos discriminados.

O foco mais importante para a formação e manutenção de papéis rígidos para cada sexo foi situado no âmbito da família, por intermédio da educação diferenciada desde a mais tenra idade, na qual as mães têm influência fundamental. Alguns relatórios se expressaram assim a este respeito:

> *É necessário que a mulher tome consciência do seu papel de educadora, pois se é ela a maior responsável pela educação das crianças, muitos preconceitos são transmitidos através dela para as crianças, adolescentes e jovens - EEPSG Prof*ª

> Ruth Mamede de Godoy-DRE Marília-DE de Marília (SÃO PAULO, 1987, p. 54).

> A mulher, quando tem um filho, não percebe que ela própria está criando o machismo dentro dele, dando a roupa para ele tomar banho, dando tudo nas suas mãos, tratando-o como um rei. EEPSG Dr. Celso Gama-DRE Sul – 1º DE de Santo André (SÃO PAULO, 1987, p. 55).

E ainda:

> Há uma queixa generalizada entre as alunas de que, em casa, a maioria dos pais (pai e mãe) é machista, que elas não têm os mesmos direitos dos irmãos mas tem todos os deveres considerados femininos. EEPG Silva Jardim DRECAP 1-4º DE da Capital (SÃO PAULO, 1987, p. 56).

Estas, entre as respostas apresentadas, evidenciavam uma real consciência das diferenças existentes entre os sexos na educação familiar. Há também alguns pensamentos, carregados de valores ideológicos, desvalorizadores da mulher, por exemplo, no casamento. "A igualdade de direitos só deve existir antes do casamento, pois depois do casamento, a mulher deve ser como auxiliar, ou seja, ajudar o marido nas suas decisões mais importantes" EEPSG D. Marcelina Maria da Silva Oliveira-DRE Sul-DE de Mauá (SÃO PAULO, 1987, p. 60). Neste âmbito não há equiparação de papéis.

Depois da educação, o trabalho foi o item mais destacado nos relatórios, já que o trabalho remunerado é condição indispensável para a autonomia feminina, e também, "por ser a área em que as discriminações se exercem mais concretamente e sem disfarces [...] é o terreno em que se traduzem mais nitidamente os interesses econômicos" (SÃO PAULO, 1987, p. 69). Este era o setor que mais transformações sofreu devido à necessidade do sistema produtivo de absorver mais mão-de-obra feminina. Portanto, não para favorecer as mulheres que penetravam em número crescente no mercado de trabalho, mas pela premência de mão-de-obra barata que tinha o sistema econômico, que se ampliava.

Apareceram nos relatórios restrições e discriminações quanto ao trabalho remunerado, embora fosse uma tendência em declínio. Ainda havia homens que não permitiam que a mulher realizasse trabalho remunerado. Outros, quando o admitiam, o faziam apenas em relação a determinadas profissões, consideradas *femininas* que, mesmo não proporcionando uma real independência, permitiriam, no entanto, conciliá-lo com o trabalho doméstico. Alguns ainda afirmavam que a mulher deveria trabalhar apenas antes do casamento.

Entre os alunos, essas posições foram defendidas por muitos rapazes e também por meninas devido aos fatores culturais e ideológicos. Porém, vale acrescentar que a defesa destas posições advinha do fato de o trabalho remunerado da maioria das mulheres brasileiras ser especialmente uma necessidade de sobrevivência material. No entanto, tal trabalho proporcionava poucas satisfações e muitos obstáculos, em vez de constituir uma via de maior independência.

Assim, além de uma boa parte das mulheres estar desempenhando funções subalternas e mal pagas, enfrentavam outras dificuldades, como o trabalho doméstico realizado para a família, raramente dividido com os homens. A inexistência ou insuficiência de serviços sociais destinados ao cuidado de crianças pequenas também foram apontadas. Valores ideológicos sobre o papel da mulher na sociedade são explicações para as constatações feitas, pois algumas meninas afirmaram que deveriam trabalhar apenas até se casar, ou seja, o trabalho não representava para elas independência e autonomia.

Quanto às propostas de mudança ou soluções para esta realidade vivida pelas mulheres, as respostas foram bastante variáveis, algumas imediatistas e outras idealistas. O que acreditamos ser importante salientar é que numerosas mulheres consideraram "ponto de honra demonstrar que são capazes de conciliar essas tarefas com as atividades profissionais", sendo comuns as expressões "as mulheres devem ou precisam conciliar". Como foi salientado, havia fraca consciência de ver nisto uma superexploração, ideologicamente induzida, demonstrando que "a luta feminina por melhores condições de vida está profundamente vinculada ao cotidiano"(SÃO PAULO, 1987, p. 70). Isto vem comprovar o peso dos valores ideológicos que a mulher tem profundamente arraigados e com os quais tem muita dificuldade de romper.

Isto fica mais visível ainda quando se observa que os temas menos abordados pelas escolas foram os relativos à participação na política, saúde, sexualidade, violência, esportes e lazer. Apesar de reconhecerem os problemas e de proporem mudanças, observa-se, por estas menosprezarem estes itens, que é grande a discriminação da própria mulher em relação a certas instâncias vitais à causa feminina.

Anexos aos relatórios foram reproduzidos trechos da *Convenção sobre a eliminação de todas as formas de discriminação contra a mulher*, aprovados pela Assembléia Geral da Organização das Nações Unidas em 1979, como forma de divulgar as recomendações que haviam se tornado consenso nos foros internacionais durante a Década da Mulher (1975-1985), mas que ainda não haviam vencido a barreira das idéias e costumes estratificados.

Esta publicação, com os resultados do debate, pretendeu devolver à rede de ensino o resultado do seu trabalho, divulgando-o entre as escolas, bem como apontar os temas mais freqüentes, e as contradições existentes em numerosos pontos polêmicos, além de material para novas reflexões sobre os referidos temas. Constituiu-se, pois, num rico material, contendo as conclusões das escolas, uma bibliografia básica para aprofundamento das pesquisas sobre os temas colocados e endereços de algumas entidades que trabalhavam com assuntos relacionados à mulher. Além disso, tem valor histórico, pois contém em anexo, além do já citado, os textos da Convenção da ONU, a Carta aos Constituintes do Conselho Nacional dos Direitos da Mulher e as Propostas à

Constituição elaboradas pelo Conselho Estadual da Condição Feminina (SÃO PAULO, 1987).

Foram enviados às antigas Divisões Regionais e Delegacias de Ensino, com o intuito de serem colocados à disposição dos professores, para consulta, os livros: A *educação da mulher*, de Rosemberg e Pinto (1985), publicado pela Nobel para o Conselho Estadual da Condição Feminina entre outros, com temas importantes à reflexão sobre a problemática feminina.

É interessante destacar que entre as 3.113 escolas que participaram do debate, a DRE de Marília se destacou por apresentar o maior porcentual de envio do relatório (83,1%), como pode ser observado na tabela e no gráfico a seguir.

Tabela 1 – Percentagem de escolas por DRE, da Coordenadoria de Ensino do Interior (CEI), que enviaram o relatório

CEI	Enviaram Relatório (NO)	Total de Escolas (N)	% (NO/N)
DRE Araçatuba	83	169	49,1
DRE Bauru	68	197	34,5
DRE Campinas	502	850	59,1
DRE Litoral	110	216	50,9
DRE Marília	206	248	83,1
DRE Pres. Prudente	206	266	77,4
DRE Rib. Preto	354	475	74,5
DRE S.J. do Rio Preto	243	324	75
DRE Sorocaba	177	312	56,7
DRE Vale do Paraíba	154	325	47,4
DRE Vale do Ribeira	60	92	65,2

Fonte: Mulher e Educação-Debate, 1987, p. 17.

Gráfico 1 – Percentagem de Escolas por DRE, da CEI, que entregaram o relatório

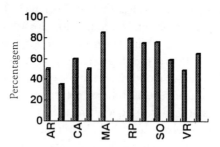

Fonte: Mulher e Educação-Debate, 1987, p. 17.

Diante do exposto, vale questionar, por que as escolas não deram continuidade a este momento tão importante para a causa feminina? As escolas reconhecem o valor de reflexões deste tipo, como pode ser atestado pelo que foi dito por uma escola, referindo-se à importância do evento:

Louvamos a iniciativa da Secretaria de Estado da Educação, em proporcionar aos alunos esta parada na escola para refletir sobre a questão da mulher.

> É a primeira vez na história da Educação que tal fato ocorre. Sentimo-nos às vezes despreparados para essa prática democrática, mas sabemos que só dessas dificuldades é que poderemos traçar tantas outras discussões importantes para que o aluno seja colocado no mundo em que vive com uma visão

> *mais crítica. Essa iniciativa cumpre seu primeiro objetivo, que é o da tomada de consciência de discriminação da mulher. EEPG Oswaldo Cruz-DRECAP 2-5ª DE (SÃO PAULO, 1987, p. 19).*

Todavia, terminado o evento, nada ou quase nada foi levado à prática. Para ilustrar e mostrar a riqueza do material utilizado no processo, reproduzir-se-á a seguir alguns trechos do texto *O que é que vou ser quando crescer?* sugerido para leitura e reflexão:

> *O trabalho das professoras, assim como o das mães, é o de ajudar a criança a construir sua personalidade, sua autoconfiança, sua capacidade de encarar a vida e de se realizar no trabalho. Talvez cada professora tenha consciência da importância de seu papel de educadora dentro da sala de aula, mas nunca tenha pensado no quanto, pelo Brasil afora, como categoria profissional, as professoras são importantes e indispensáveis. A imagem que a mulher professora tem de si mesma vai influenciar de maneira decisiva os valores e comportamentos que a sociedade brasileira terá diante da mulher [...].*
>
> *As professoras poderão agir como reprodutoras de uma imagem de mulher que lhes foi apresentada em sua própria educação ou poderão, atentas ao mundo que muda, revendo criticamente suas próprias experiências, agir de maneira a contribuir*

> *para a eliminação progressiva dos preconceitos contra a mulher (SÃO PAULO, 1987, p. 142).*

E ainda:

> *Não podemos mais reproduzir apenas o que aprendemos [...] Nossos alunos e alunas estão sendo educados para viver num país democrático em que as discriminações de qualquer tipo deverão fazer parte de um passado anacrônico [...] Meninos e meninas são sim diferentes e eles sabem disto melhor do que ninguém. Mas não precisam ser desiguais. As meninas não são 'inferiores', não são menos ousadas, empreendedoras, inteligentes. Nem os meninos precisam ser menos doces, afetuosos, tolerantes. Só as sociedades autoritárias querem conservá-los assim [...] (SÃO PAULO, 1987, p. 142).*

Outra reflexão ainda atual está contida no texto *A Professora e o Mundo do Trabalho*, onde é colocada a importância da professora como agente na formação e na escolha profissional dos jovens e principalmente das jovens. O texto traz elementos para debate, afirmando "cabe à escola promover a discussão e o questionamento em sala de aula dos estereótipos que ela mesma ajuda a difundir e que conduzem as jovens quase sempre a determinadas profissões e condicionam uma atitude de submissão nas relações de trabalho [...].

E ainda questionamentos pessoais para as professoras, como:

> *Sente-se fazendo parte do grupo de brasileiros que participa do crescimento do país, através do trabalho? Qual a razão de existirem poucos homens educadores no magistério de primeiro grau? Por que, num mundo majoritariamente de mulheres como o do magistério, os cargos de direção e as oportunidades de manifestação pública são em geral monopolizados pelos homens? Qual o papel da educação escolar na perpetuação da divisão de trabalho entre homens e mulheres? Como fazer para mudar? Qual o papel das professoras na mudança? (SÃO PAULO, 1987, p. 142).*

Parece que estas são questões ainda hoje não foram respondidas na escola; sabe-se que mudanças, sobretudo no que se refere à divisão sexual de trabalho, estão longe de se efetivarem, e a escola não contribuiu para que estas ocorram. Mesmo após este intenso debate, ocorrido há dezoito anos, e apesar das manifestações das escolas envolvidas no sentido de se dar continuidade ao projeto, este não ocorreu nos anos posteriores. Presenciou-se, na continuidade, ações com objetivos político-eleitoreiros, provocando a descontinuidade das propostas educacionais.

Desta forma, iniciativas como esta, tão importantes para a cidadania, permanecem guardadas na gaveta. A escola tem hoje uma certa autonomia para continuar projetos, mas isso não ocorre pois, dentre outros motivos, há a obrigatoriedade de desenvolvimento de projetos propostos pela Secretaria Estadual de Educação (SEE) que dificultam o desenvolvimento de outros. Vale considerar que a SEE convidou às escolas desenvolverem, na década de 1990, um projeto a respeito de Direitos Humanos, o que poderia reascender a preocupação com o tema, contudo, não teve continuidade. Apesar dessas iniciativas, privilegiam-se mais aspectos burocráticos e administrativos, por exemplo, esquecendo projetos importantes para a transformação da sociedade.

A própria forma de contratação de professores, diretores, processo de remoção etc., inviabilizam muitas vezes esta continuidade. Se não houver um propósito da supervisão e da administração de cada Unidade Escolar em sensibilizar professores e professoras para as ações e propostas que são importantes para a real formação para a cidadania de forma que o grupo materialize esse desejo no projeto político pedagógico da escola e nas suas ações, estas, passarão pela escola sem deixar raízes.

De tudo o que foi visto, quer parecer que o próprio sistema escolar não contribui para a cidadania da mulher professora. Por tal razão, no próximo capítulo, será discutido o que aborda a literatura a respeito da idéia de cidadania, fazendo a relação com a questão da mulher.

6. Cidadania da mulher

Nos capítulos anteriores refletiu-se sobre os fatores culturais e ideológicos que historicamente interferiram nos costumes e comportamentos brasileiros, e que dificultaram, por conseguinte, o exercício da cidadania pela mulher.

Ferreira (1994) argumenta que nossa cidadania sempre foi mais passiva do que ativa devido à nossa formação agrária, à forma como se deu a nossa colonização, a formação das elites e a instituição do nosso sistema político, que resultou numa fraca cultura política. Historicamente, idéias de autonomia, liberdade e cidadania foram abafadas pela visão patrimonialista. O Estado, subordinando a sociedade civil, torna-se o "[...] doador, o fazedor da ordem, da justiça, do direito e do favor [...] o relacionamento daquele com o povo nada tem a ver com as práticas democráticas" (FERREIRA, 1994, p. 201).

Como agravante, tem-se ainda o fato de nosso desenvolvimento econômico ser dependente, que resulta das relações de dominação econômica, política e cultural, impostas pelos países de economia independente, tendo-se, como conseqüência, uma herança histórica de cidadania passiva.

Transpondo estes fatores para a questão feminina, os problemas tornam-se ainda mais graves, pois, como historicamente visto, a mulher brasileira foi educada tanto informal quanto formalmente para a submissão e a passividade. A identidade feminina foi construída baseada nestas características que, a nosso ver, dificultam o efetivo exercício da cidadania. É importante ressaltar que apesar da socialização para a mulher brasileira privilegiar submissão e passividade, a luta das mulheres teve início muito antes da década da mulher, nos primeiros anos do século XX. Os primeiros movimentos grevistas do início do século nos quais houve a participação de mulheres, "foram fundamentalmente por melhores condições de trabalho, pois não tinham direito a férias, ao descanso, não existindo segurança e muito menos limites na jornada de trabalho. Estavam sujeitas, também, à violência sexual pelos mestres e contramestres que eram responsáveis pela disciplina nas fábricas" (CONSELHO..., 1987).

Neste capítulo focalizar-se-á, então, a origem do conceito de cidadania, especificamente o resultante da Revolução Francesa. Mesmo a Declaração Universal dos Direitos do Homem e do Cidadão, que colocava todos como iguais perante a lei, excluía as mulheres.

O objetivo é enfatizar o caráter de construção histórica inerente ao conceito da nova cidadania e focalizar esta como definida por Dagnino (1994, p. 107), com "interesses concretos e práticas concretas de luta e pela sua contínua transformação". Tentar-se-á ainda mostrar que o conteúdo e significado da cidadania não são universais "[...] mas respondem à dinâmica dos conflitos reais, tais como vividos pela sociedade num determinado momento histórico. Esse conteúdo e significado [...], serão sempre definidos pela luta política".

Essa abordagem ajuda a explicar a discriminação da mulher, ao longo do tempo, tanto no que se refere ao cotidiano quanto aos direitos e cidadania. De acordo com Blay (1984), os anos de 1970 e 1980 foram marcantes pelas conquistas e pelos debates envolvendo diferentes camadas da população, momento este em que se observa uma intensa exploração do trabalho da mulher. Findando os anos de 1990, verifica-se que ainda permanecem educação e direitos diferenciados para ambos os sexos, violência doméstica, desnível salarial, sobreposição de jornadas de trabalho, prostituição infantil, dentre outros problemas; o que nos leva a reconsiderar a questão, e pensar em novas formas de ação para fazer valer a cidadania para a mulher. A omissão da escola a este respeito contribui para a dificuldade que se observa em combater os "mitos acerca da feminilidade" (ROSEMBERG, 1975).

É preciso levar em conta ainda que a convivência na sociedade se desenvolve conforme determinantes econômicos, políticos, históricos e culturais. De acordo com Ferreira (1994, p. 220) "a vida cotidiana tem dimensões econômicas, mas também estéticas, religiosas, morais e políticas. Todo esse elenco precisa ser considerado quando se enfoca a formação do cidadão, aquele que precisa aprender a difícil arte de viver no espaço público [...]". Além disso, na sociedade atual, uma nova maneira de ver *o outro* deve permear as relações sociais em todas as instâncias pois, nessa perspectiva, a necessidade de conviver demanda "reciprocidade, solidariedade, respeito ao próximo e, acima de tudo generosidade".

É neste ponto que se situa o debate: a cidadania a que se aspira deve promover a efetiva igualdade de homens e mulheres e para isto, além de outras medidas necessárias, a escola tem a responsabilidade de criar as condições propícias para se vivenciar a democracia e a cidadania.

6.1 Sua origem: conceito elaborado excluindo a mulher

De acordo com Comparato (1993, p. 85), a origem da cidadania está relacionada ao surgimento da vida na cidade greco-romana, onde "cidadãos eram apenas os homens, titulares de direitos políticos e proprietários, que participavam de forma direta do funcionamento da Cidade-Estado". Tanto em Atenas quanto em Roma, havia uma intensa participação do povo na atividade política, mas na primeira escravos, mulheres, estrangeiros, artesãos e comerciantes não eram considerados cidadãos.

É interessante observar que, coincidentemente, a idéia jurídica de pessoa com direitos individuais está relacionada à passagem do domínio político do clã para a cidade, o lugar social do exercício da cidadania. De personagem ritual, pessoa, passa a ser o sujeito-cidadão, representado pelos homens livres de Roma.

Nesse momento histórico, o homem livre passa a possuir a sua pessoa, tornando-se o representante de suas ações e o responsável pelos próprios atos, perante a sociedade civil e o Estado. Desde o surgimento da idéia de pessoa jurídica e cidadania, as mulheres estavam excluídas. Em Roma, como anteriormente visto neste trabalho, eram consideradas apenas como aquelas que asseguravam a descendência dos cidadãos.

A formação da pessoa ocorre ao longo de um trabalho coletivo de socialização que transforma o homem e a mulher em sujeitos sociais, sendo este processo realizado na e pela sociedade. As relações de poder, de amor, de parentesco serão articuladas com as representações que fazem do mundo e de sua existência individualmente coletiva.

Sendo a representação social da pessoa uma construção cultural, o imaginário acerca de liberdade, individualidade e universalidade é variável de sociedade para sociedade, de momentos históricos diferentes, portanto, não é universal e sim ideológica.

É nesta perspectiva que se deve pensar sobre a cidadania e direitos, ou seja relacionada à idéia de pessoa, que é uma representação social simbólica, produto da construção cultural de cada sociedade. Com a discriminação histórica da mulher, inicia-se a reflexão sobre a cidadania a que se aspira, por ser necessária para a sociedade atual e futura.

A cidadania existiu nas sociedades que assim o desejaram. Com a decadência e o desaparecimento da civilização greco-romana, surge a sociedade feudal, rural, na qual a cidadania foi suprimida. O retorno do exercício da cidadania, ocorre, paulatinamente, com a ascensão da burguesia em luta contra o feudalismo. É preciso observar, contudo, o conceito de cidadania para aquela sociedade.

Naquele momento histórico, a idéia de cidadania tinha características semelhantes às do mundo antigo, ou seja, o grupo que detinha os direitos políticos representava uma minoria, a burguesia. Os servos e trabalhadores manuais eram destituídos de cidadania, no que diz respeito às mulheres era definida sempre em relação ao homem. O modelo feminino afirmava a inferioridade da mulher e proclamava sua submissão ao homem.

Conforme Covre (1993, p. 17), com as revoluções burguesas, particularmente a Revolução Francesa, estabelecem-se as "Cartas Constitucionais, em oposição ao processo de normas difusas e indiscriminadas da sociedade feudal e às normas arbitrárias do regime monárquico ditatorial, iniciando uma relação jurídica centralizada, o Estado de Direito".

O Estado de Direito surge, então, para estabelecer direitos iguais para todos os homens. Como expressa Comparato (1993, p. 88), "Os revolucionários franceses e ingleses [...] reconheceram em todo indivíduo, de qualquer sexo ou condição social, a titularidade de direitos naturais, que o Estado deve respeitar, em todo tempo e lugar". Foi baseada nos princípios da igualdade, liberdade e fraternidade entre os homens que a Declaração Universal dos Direitos Humanos foi escrita. Vale lembrar que, historicamente, os valores eram defendidos pelas religiões e Igrejas e envolviam uma parcela da humanidade. Conforme Bobbio (1992), a universalidade dos direitos humanos, colocando todos os indivíduos como iguais, ainda que perante a lei, é uma grande conquista.

Aqui se está considerando o conceito de Direito, conforme Verucci (1987, p. 26), como "o fundamento da ordem social que organiza a vida social e atribui às pessoas deveres e obrigações e reciprocidade de poderes e faculdades". No que se refere à noção de cidadania, ela está vinculada juridicamente a um determinado Estado, portanto, de acordo com Dallari (1984, p. 61), "este tem o poder de definir os condicionantes do exercício da cidadania. O cidadão constitui uma criação do Estado, que vai moldá-lo aos seus interesses". É importante colocar aqui a diferenciação entre *direitos humanos* e *cidadania*. Enquanto esta pode ser regulamentada por qualquer Estado, os *direitos humanos* são universais e históricos, acima do Estado; antes dele existem as Declarações de Direitos da Pessoa Humana.

Partindo desta interpretação dos poderes do Estado no que se refere ao cidadão, e considerando, como afirma Bonacchi (1995), que as mulheres na França revolucionária foram definidas como cidadãs na lei, enquanto na sociedade eram-lhe negados os direitos cívicos do cidadão, pode-se concluir haver contradição entre a cidadania da mulher e o que foi estabelecido na lei[12].

Conforme Covre (1993), com a Declaração dos Direitos do Homem houve um avanço, pois rompeu-se o imobilismo da sociedade feudal. Não se pode, porém, esquecer que apesar de se iniciar um processo em direção à democracia, existe paralelamente a consolidação do sistema de exploração e dominação do capital. É neste momento histórico, no século XIX, que se tem notícia, como já citado no primeiro capítulo, de grande repressão e boicote ao trabalho feminino independente, excluindo a mulher da vida profissional, levando o trabalho feminino à dependência e domesticação.

Apesar das contradições, é na França que os questionamentos sobre o papel da mulher aparecem nas teorias e práticas institucionais. Como sugere Bonacchi (1995, p. 29), "é a época em que o 'eu' e o 'outro', para interrogarem-se, assumem a imagem da diferença." A idéia, senso comum, sobre as mulheres como cidadãs não iguais leva aos desenvolvimentos contraditórios do século XIX, no campo do Direito e na História. Nos

---

[12] Segundo Dallari (1984, p. 61): "Os cidadãos que tivessem o uso dos direitos políticos (correspondendo portanto, ao conceito de cidadão da teoria de Rosseau), foram classificados como 'cidadãos ativos'. Os demais ficaram na classe dos cidadãos pura e simplesmente". Só poderiam participar das decisões políticas, os cidadãos ativos, dos quais as mulheres não faziam parte.

códigos e nas teorias, vê-se que ao mesmo tempo em que se concede, se tira reconhecimentos à *capacidade* da mulher: a especificidade do *ser mulher* é reconhecida como inferioridade.

Seu papel social, privado, ao ser visto como diferente do papel masculino, público, torna-se impedimento para que se deleguem a elas plenos direitos como cidadã. Ao invés de promover a valorização do papel social da mulher e sua emancipação, colocam-na como cidadã de segunda categoria.

Portanto, vale frisar, não se pode pensar, neste momento, em cidadania desvinculada da visão, valores e princípios da classe que instaurou o capitalismo, ou seja, a classe burguesa masculina, que buscava salvaguardar sua posição e seus interesses, o que levou às contradições colocadas. Como sugere Covre (1993, p. 23), é importante lembrar que "a concepção de que todos os homens poderiam ser iguais pelo trabalho e pela própria capacidade era visão de mundo burguesa, prezando o individualismo e um tipo de cidadania".

Na verdade, é fato incontestee que esses valores burgueses discriminavam mulheres e também homens, já que o fator *classe social* não colocava num mesmo patamar de igualdade todos os homens.

Prosseguindo a reflexão sobre a origem da cidadania, e objetivando entender as contradições que levaram à *cidadania diferente* das mulheres e também formar uma idéia sobre qual a cidadania que se almeja, aprofundar-se-á um pouco mais as contradições dos Direitos do Homem e do Cidadão e a reflexão acerca da cidadania das mulheres.

Para tanto, acredita-se ser importante refletir sobre o cenário da Revolução Francesa, tendo em vista que a ideologia e o pensamento revolucionário influenciaram culturalmente a sociedade brasileira, idéias cujos resquícios permanecem até hoje e que são responsáveis, entre outros fatores, pela submissão e não emancipação feminina.

6.2 A noção de cidadania na ideologia da Revolução Francesa: universalidade que discriminou as mulheres

Tendo agora como referência o pensamento de Bonacchi e Groppi (1995), aliado ao que já se colocou com base em outros autores, pode-se afirmar, de acordo com a ideologia revolucionária, que a diversidade feminina é construída política e simbolicamente reforçando a identidade masculina.

Enquanto esposas e mães, por pertencerem à comunidade familiar, elas estavam impossibilitadas de serem cidadãs. A insistência sobre uma natureza feminina familiar e privada em contraposição a uma natureza masculina social e política denota a condição de discriminação entre o homem e a mulher.

Para Bonacchi (1995, p. 28), a Revolução Francesa trouxe, no bojo de suas idéias e de sua ação, mudanças negativas na vida das mulheres; elas foram "[...] privadas dos privilégios assegurados pelo tradicional ordenamento hierárquico e concomitantemente excluídas do exercício de alguns dos direitos fundamentais ligados ao princípio de igualdade".

Nem todas as mulheres se calavam e eram passivas à ordem social imposta. Como já mencionado, Olympe de Gouges e Mary Wollstonecraft (apud GROPPI, 1995), colocaram em discussão o pretenso universalismo dos direitos, denunciando a conotação parcial do sujeito masculino; diferentemente dos demais, elas citam os dois sexos reivindicando uma co-presença no terreno político.

A noção de cidadania na ideologia da Revolução Francesa "não só não leva em conta o elemento feminino no momento constitutivo, como se define e se constrói em oposição a ele" (GROPPI, 1995, p. 18). Se o termo cidadão pressupõe participação ativa na esfera pública, então exclui as mulheres, pois a estas era atribuída a passividade da esfera doméstica e privada; os costumes e a própria ideologia revolucionária investiam-nas de um papel social que não pressupunha o direito ao exercício da cidadania.

Nesta concepção, o homem procurava definir seu próprio papel num campo social e político em vias de renovação; ele confirmava sua identidade em oposição à identidade da mulher, pois abstratamente as características femininas de fragilidade e impotência correspondiam à imagem do aristocrata.

Essa marginalização da mulher representa uma influência negativa para a emancipação feminina, em contraste a uma auto-afirmação positiva para os revolucionários. Contudo, conforme Groppi, (1993, p. 19), estimulou a "compreensão do núcleo conservador em relação à emancipação política e social das mulheres, que caracterizou não só o pensamento primitivo igualitário mas também o pensamento e as práticas dos futuros movimentos socialistas".

Ainda merece destaque outras conseqüências importantes para se desvendar os impedimentos históricos impostos às mulheres para sua cidadania. Ao relegá-las à esfera familiar e negar-lhes a esfera pública, foram impossibilitadas de negociar os seus direitos, já que estes estavam intimamente ligados à rigidez dos seus deveres de esposa e mãe.

Isto levava também à ausência ou dificuldade no que diz respeito à solidariedade e constituição de grupos organizados quando da reivindicação dos próprios direitos. Este fato é agravado ainda mais porque os processos de modernização, nesse momento histórico, destroem as redes comunitárias femininas informais. As redes solidárias masculinas, ao contrário, eram reconhecidas no plano estatal e ofereciam aos homens uma opção alternativa de um grupo social e político em relação à ordem constituída. Estes são fatores relevantes, que marcaram profundamente os costumes, pode-se dizer até a atualidade, até na classe das professoras. Daí a preocupação em se colocar esta questão.

Por estarem excluídas das organizações de trabalhadores que se organizavam solidariamente e por ocuparem posições secundárias nas corporações profissionais, ambos os sexos tiveram heranças culturais de referência bastante diferenciados, o que os marcou profundamente quanto à presença social e negociação dos direitos (GROPPI, 1995). Como argumenta Dagnino (1994, p. 107), a cidadania, naquele momento histórico, não outorgava às mulheres o "direito a ter direitos".

A partir da afirmação de Verucci (1987), de que o direito tem origem na própria sociedade, organiza a vida social e atribui às pessoas deveres e obrigações, reciprocidade de poderes e de faculdades, que é o resultado da realidade social, refletindo os objetivos, as crenças e os princípios éticos da sociedade, o item a seguir será dedicado a uma reflexão sobre os direitos da mulher no Brasil e no mundo.

6.3 A evolução dos direitos da mulher no Brasil e no mundo: a cidadania a que se aspira

Como já foram analisados alguns aspectos do direito ao trabalho no capítulo anterior, abordar-se-á aqui outras questões que significaram avanços no texto legal para a mulher e que, freqüentemente, por força dos costumes, não são vivenciados no cotidiano.

De acordo com Verucci (1977), após a Segunda Guerra Mundial, a mulher conquistou um grande avanço nas várias frentes de atuação, contudo, há ainda muito a conseguir para que elas participem, em igualdade com os homens, da vida social, política, econômica e cultural, já que tem séculos de alijamento da vida pública, como visto no primeiro capítulo.

Há uma grande variabilidade, de um país para outro, acerca da evolução dos direitos da mulher. Isto depende de sua cultura mais ou menos masculina. Um dos indicadores do desenvolvimento harmônico de uma sociedade é a posição igualitária real da mulher na sociedade.

Uma das formas de salvaguardar e incluir outros direitos na lei deve ser, a nosso ver, o estabelecimento de uma participação política efetiva e cada vez maior por parte das mulheres. A partir da década de 1980, como antes apontado, quando o movimento feminista brasileiro investiu nesta questão, houve um aumento de mulheres na política. Mas, mesmo tendo alcançado o direito ao voto e de serem votadas desde 1932, e a despeito do aumento de candidaturas em nível municipal, ainda é pequeno o número de representantes femininas em todos os níveis.

Considerando o acesso à educação, observa-se que as mulheres estão em desvantagem em relação ao sexo oposto em muitos países, desvantagem esta que se torna ainda maior se se considerar os preconceitos e atitudes discriminatórias oriundas dos estereótipos sobre os papéis de cada sexo presente na escola e transmitidos por meio da educação. Apesar de na lei estar expresso o direito de todos, homens e mulheres, ao acesso à educação, é fato inconteste que a proporção de mulheres analfabetas é maior que a de homens nos países onde há analfabetismo; esse acesso à educação depende muito do grau de desenvolvimento econômico e social de cada país.

Não se deve esquecer também de que mesmo havendo igualdade, para ambos os sexos, no que se refere ao acesso e possibilidade de livre escolha no campo profissional, a escolha das mulheres é induzida pelos condicionamentos já colocados anteriormente e por estereótipos educacionais inculcados desde a primeira infância, pela escola e pela família, em função do papel social de cada sexo. Isso leva a que geralmente a preparação profissional da mulher seja inferior à dos homens e, conseqüentemente, receba salários menores, fator este que é responsável pelo alto índice de mulheres, também maior do que o de homens, nos níveis de pobreza e miséria. Vale ressaltar, no entanto, que mesmo nos casos em que o nível educacional da mulher é similar ao dos homens e também na situação em que ambos exerçam o mesmo cargo, via de regra o salário da mulher é inferior ao dos homens.

A realidade socioeconômica do País mostra que a família brasileira não está necessariamente apoiada no casamento, como também é cada vez maior o número de famílias constituídas pela mãe com seus filhos, sem a presença do homem, por razões tanto de ordem econômica e social como da maior independência da mulher e de sua participação no mercado de trabalho.

As Organizações Internacionais como ONU, Unesco e outras, estudam meios de aumentar as oportunidades de acesso da mulher ao mercado de trabalho e à participação econômica e política na nação. Muitos países compreendem que as funções domésticas têm que ser partilhadas entre homem e mulher, para que ambos participem da vida social e familiar; enquanto se mantiver somente como responsabilidade da mulher o lar e os filhos, essas mudanças não se efetivarão realmente.

Apesar de todo o debate empreendido nos últimos anos sobre a condição feminina, há sérios problemas que ainda afligem as mulheres no mundo; onde houver miséria e analfabetismo, a maioria das pessoas nessa condição é a população feminina, o que demonstra que ainda há um longo caminho a se percorrer quanto à emancipação da mulher.

Acredita-se que a escola seja o veículo capaz de minimizar esta realidade, promovendo a profissionalização feminina, a conscientização sobre seus direitos como cidadã, a reflexão sobre a necessidade de a mulher sair da alienação, fazendo reconhecer a importância do seu papel na sociedade. Elevando o nível de instrução das mulheres, principalmente das camadas menos favorecidas da população, a escola pode contribuir para que a família perceba a necessidade de direitos básicos, como saneamento básico, serviços proporcionados pela rede de saúde, planejamento familiar entre outros e, principalmente, como reivindicá-lo.

É importante observar que a lei, por si só, não significa garantia de mudança, embora seja indispensável que ela assevere direitos iguais para os homens e mulheres, que dê respaldo para uma mudança efetiva da condição feminina, assegurando o direito às conquistas adquiridas após séculos de opressão.

A doutrina dos direitos do homem evoluiu muito, contudo, uma sociedade formada de indivíduos livres e iguais não foi alcançada até nossos dias. Na verdade, segundo Bobbio (1992, p. 63), à medida que a sociedade evolui, as pretensões e necessidades aumentam e a satisfação delas torna-se mais difícil, porquanto, lei nenhuma muda ou garante a mudança da realidade dos costumes em uma sociedade, "[...] uma coisa é falar dos direitos do homem, direitos sempre novos e cada vez mais extensos e justificá-los com argumentos convincentes; outra coisa é garantir-lhes uma proteção efetiva".

Deve-se, pois, entender que os direitos não são definitivos; eles tendem a se ampliar, especificar-se e atualizar-se de acordo com a reorganização da vida humana e das relações sociais. Como há sempre uma defasagem entre eles e a realidade social e humana, esta defasagem só será minimizada se os juristas e legisladores tiverem conhecimento e sensibilidade quanto à realidade de seu meio e também se os sujeitos do direito reivindicarem mudanças ou ampliação destes[13].

Quando uma sociedade evolui, ocorrem transformações das condições econômicas e sociais, havendo uma reorganização da vida humana; assim, ocorreram as mudanças quanto à determinação dos "sujeitos titu-

---

[13] Benevides (1994, p. 10) assim se refere quanto à questão: "Assim como a declaração meramente retórica de direitos não garante sua efetiva fruição, a inclusão dos mecanismos de participação popular na Constituição não garante, por si só, que sua implementação se dará democraticamente, no contexto da cidadania ativa".

lares de direitos" e essa especificação se deu em relação ao gênero, às várias fases da vida e estados excepcionais na existência humana, surgindo, então, a Declaração dos Direitos da Criança (1959), a Declaração sobre a Eliminação da Discriminação da Mulher (1967) e a Declaração dos Direitos do Deficiente Mental (1971) (BOBBIO, 1992).

Viu-se que estas conquistas são recentes, assim como outras necessárias à especificidade feminina. Viu-se, também, que a existência da lei não é suficiente para acabar com os preconceitos enraizados, assim como ela só será eficaz se for conhecida e invocada por quem dela possa se beneficiar[14].

A ignorância a respeito das leis e dos direitos compromete o exercício da cidadania. No caso da mulher, e até da professora, o nível de informação neste sentido é menor do que o do homem, pois seu acesso à participação política e econômica ainda está longe de ser ideal. Na década de 1980, o movimento de mulheres participou efetivamente do processo de elaboração do texto constitucional, apresentando e discutindo propostas, como

---

[14] Dallari (1986, p. 159) explica que para garantia da Constituição, além da existência dos meios jurídicos, o que é muito importante é que a "grande maioria do povo tenha consciência da importância da Constituição e da necessidade de respeitá-la e protegê-la". Benevides (1994, p. 10), ainda acrescenta a necessidade da " [...] participação política, através de muitos canais institucionais, no sentido mais abrangente: a eleição, a votação (referendo e plebiscito) e a apresentação de projetos de lei ou de políticas públicas (iniciativa popular)".

visto anteriormente neste trabalho; apesar de neste processo terem participado mulheres de diferentes camadas sociais, a discriminação ainda persiste.

Foi também em novembro de 1981, que a atriz Ruth Escobar e Silvia Pimentel, representantes de cinqüenta grupos de mulheres entregaram ao presidente do Senado, o *Esboço de um Novo Estatuto Civil da Mulher*, de autoria das advogadas Silvia Pimentel e Florisa Verucci como contribuição ao Código Civil (RETRATO..., 1984).

Por tudo o que foi colocado, conclui-se que o mais difícil em uma sociedade é garantir, na prática, os direitos adquiridos, e para que isto ocorra é preciso que haja uma cidadania com participação, que é a cidadania aspirada atualmente para mulheres e homens.

Mais uma vez utilizando as palavras de Dallari (1986, p. 160), se o povo que tiver consciência da "importância da Constituição e que tiver participado de sua elaboração terá grande interesse em respeitá-la e exigir que ela seja respeitada. E isso torna muito mais difícil o desrespeito pelos governantes".

Conforme salienta Saviani (1986), para que esta realidade se efetive na sociedade, é mister levar em conta a importância de uma educação voltada para a democracia real e não apenas formal.

7. Educação e cidadania

A partir da década de 1980 uma nova noção de cidadania se faz presente na sociedade brasileira e, como explica Dagnino (1994), está ligada à experiência concreta dos movimentos sociais (de mulheres, negros, ecológicos etc.) na luta por direitos. Aliado a isto, há uma ênfase maior no que se refere à construção da democracia.

Contudo, Dagnino (1994) mostra que o "autoritarismo social", é uma organização hierárquica e desigual do conjunto das relações sociais, baseado em critérios de classe, raça e gênero, que estabelece seus respectivos lugares na sociedade para ambos os sexos. Esse "autoritarismo social" promove certas formas de sociabilidade e cultura de exclusão; sua eliminação é condição fundamental para a verdadeira democratização da sociedade. A nosso ver, representa, na atualidade, um dos fatores que dificultam uma ampla participação da mulher na sociedade, como, por exemplo, na política.

A explicação de Dagnino (1994) vem ao encontro das idéias preconizadas pela autora desta dissertação no sentido de que a escola deve promover essa vivência democrática, tentando eliminar o "autoritarismo social" que impede a participação de todos os cidadãos.

O conhecimento dos direitos e o reconhecimento, por parte de ambos os sexos, da cidadania como estratégia de luta para uma nova sociedade são imprescindíveis. A respeito disso, Covre (1993, p. 73) afirma, o pressuposto básico para a cidadania é "de que os sujeitos ajam e lutem por seus direitos. Assim, é preciso que essa prática ocorra sempre na fábrica, no sindicato, no partido, no bairro, na escola, na empresa, na família, na favela, na rua etc.".

Nessa perspectiva, a escola e a mulher que lá está na figura da professora podem e têm o dever de "assegurar o desenvolvimento do senso crítico e da consciência política do educando" (SÃO PAULO, 1987)[15], pois entende-se que democracia e cidadania devem ser vivenciadas e aprendidas na escola. É primordial, na atualidade, promover o que Comparato (1993, p. 92) propugna, "a idéia-mestra da nova cidadania consiste em fazer com que o povo se torne parte principal do processo de seu desenvolvimento e promoção social: é a idéia de participação".

Assim, tarefa primordial para a formação real do cidadão e da cidadã, na atualidade, deve ser a promoção

---

[15] Seção II, Dos deveres, Inciso VIII, p. 30 – Estatuto do Magistério Paulista (SÃO PAULO, 1987).

da participação e do reconhecimento de cada pessoa como construtores de sua própria cidadania e agentes de transformação social. Isto, além dos conhecimentos sistemáticos, já que estes, por si sós, não garantem a *conversão* para a cidadania (FERREIRA, 1994).

Seria como promover uma revolução para uma sociedade melhor, uma revolução que interfira na subjetividade das pessoas. Como Covre (1993, p. 64) afirma:

> *[...] um dos níveis dessa revolução está na possibilidade de o homem contemporâneo romper cotidianamente com as trevas da alienação [...]. Isso se daria a todo instante, nas relações diárias, criando relações que eliminem o homem "marcado" historicamente e apontem, dentro desse homem, o ser universal que possui. Trata-se de pensar, sentir e agir no sentido de que a democracia se construa a todo instante, nas relações sociais de que fazemos parte.*

Para tal empreendimento, é necessário ter na escola um corpo docente empenhado em promover reflexão, análise crítica e participação. Estando a grande maioria de mulheres no magistério do Ensino Fundamental, torna-se essencial que haja uma reflexão sobre direitos e cidadania da mulher com vistas a redefinir o papel da mulher e da professora no compromisso com a democracia e a real cidadania.

É o caso de se promover, nos cursos de formação e de educação continuada para as professoras que estão na rede de ensino, o que Giroux (1986, p. 255) propõe, uma reforma da educação para a cidadania envolve também uma mudança na formação dos educadores, através de uma proposta política que forme "cidadãos melhor informados e agentes mais eficazes de transformação da sociedade maior".

É preciso romper com a ideologia da ocultação da realidade das relações sociais numa sociedade de classes injusta e não igualitária como a nossa. A escola, ao se omitir, tem contribuído, ainda hoje, para que a mulher que lá atua se torne "agente e paciente" (VERUCCI, 1977) quanto à problemática feminina e a cidadania. Como mostra Dagnino (1994, p. 109): "o processo de construção da cidadania, enquanto afirmação e reconhecimento de direitos, é [...]um processo de transformação das práticas sociais enraizadas na sociedade como um todo".

Há a necessidade de um processo de aprendizado social, de construção de novas formas de relação, nas quais o cidadão será o sujeito social ativo que se recusa a permanecer nos lugares que social e culturalmente lhes foram atribuídos. Isto está ocorrendo, na sociedade, com as mulheres; trata-se de um processo histórico contínuo e não valorizado pela escola. É esta reflexão que se acredita ser imprescindível ocorrer para que futuramente se consiga romper com as práticas sociais que impedem a construção da nova cidadania.

Como já afirmado nos capítulos precedentes, a escola deve fazer com que cada criança tenha consciência de que é sujeito com "direito a ter direito" (DAGNINO,

1994). Desde o primeiro grau, um ensino voltado ao conhecimento dos direitos humanos, uma sensibilização quanto a garanti-los e estendê-los com vistas ao bem comum e uma vivência democrática são necessidades urgentes para a formação do cidadão, independente de raça, classe ou gênero.

Por acreditar na educação e na importância da ação da professora neste difícil processo de tentativa de mudança do comportamento e do cotidiano das pessoas para uma transformação global da sociedade e para sua efetiva democratização, chega-se à Unidade Escolar, onde deve ter início a vivência da democracia e da cidadania. Para detectar como se estrutura o papel feminino na escola estudou-se um caso particular na cidade de Marília.

7.1 Cidadania da mulher - professora: perfil de professoras do Ensino Fundamental da rede pública de ensino (expectativas, trabalho, comportamento diante das questões de gênero)

O papel da professora na sociedade é fundamental para uma educação com qualidade, que forme cidadãos agentes de transformação social. A nosso ver, se não inserida a questão de gênero no processo ensino-aprendizagem, não se está educando para a cidadania, igualmente, meninos e meninas.

Pensando nestas questões, elaborou-se um questionário especificamente direcionado a uma Unidade Escolar Pública de Marília, objetivando a uma melhor compreensão dos aspectos do trabalho cotidiano e profissional e da pessoa da professora. Aspectos relativos a comportamento e formas de pensar foram levados em conta para se perceber se o *magistério* contribuiu para uma elevação do conhecimento e reflexão acerca do exercício da cidadania feminina e para mudanças de padrões tradicionais de comportamento, mesmo sem uma política efetiva neste sentido. A Unidade Escolar de Marília foi escolhida apenas como exemplo sugestivo e por facilidade de aplicação do questionário e de melhor observação.

O questionário foi respondido por professoras do ensino fundamental, séries iniciais. Anteriormente, solicitou-se a professoras de outras escolas que respondessem ao mesmo questionário, com o objetivo de estabelecer um paralelo entre as respostas. As reflexões feitas no decorrer deste capítulo levaram em consideração também estes questionários, os quais mostraram similaridade com a observação feita na escola em questão.

Para analisar a posição social, cultural e econômica das professoras e posteriormente traçar seu perfil foram solicitadas as seguintes informações: idade, estado civil, grau de instrução, inclusive a dos pais e dos cônjuges, e tempo de exercício profissional.

Responderam ao questionário 17 professores do sexo feminino com idades variando entre 29 e 58 anos: 60% tem mais de 40 anos; estado civil: 10 casadas, 04 desquitadas ou divorciadas, 02 solteiras e 01 viúva. Apresenta-se a seguir, os resultados obtidos da aplicação do questionário.

7.1.1 Nível cultural – escolar

Tabela 2 - Grau de instrução

Formação	Professoras
Ensino Médio	3
Ensino Superior	14
Mestrado/Pós	2

Fonte: Entrevista com as professoras.

As professoras que têm formação em nível de Ensino Médio cursaram o HEM (Habilitação Específica para o Magistério). As que possuem nível superior cursaram, em sua maioria, Pedagogia; três cursaram outras faculdades (Serviço Social; Matemática; Ciências e Biologia) além da Pedagogia. Uma delas é formada em Direito e outra está cursando Filosofia. Das professoras com nível superior, uma tem pós-graduação e outra está cursando mestrado em educação.

A experiência profissional das professoras e a baixa rotatividade (a maioria encontra-se na escola há muitos anos) favorecem a continuidade de projetos, o que contribui para a melhoria qualitativa do processo ensino-aprendizagem.

A maioria (56%) freqüentou o período noturno do ensino privado (trata-se, em geral, de professoras solteiras que trabalhavam no comércio ou em bancos; casadas, que já trabalhavam como professoras, além de estudar).

Quanto à experiência docente: 1) onze tem 10 anos ou mais; 2) seis menos de 10 anos, ou seja, o tempo de exercício profissional varia de 03 a 20 anos.

A Unidade Escolar observada conta com um corpo docente com um nível de formação ideal, segundo proposta defendida por Buffa e Nosella (apud NEVES, 1996) no que se refere à melhoria da qualidade da formação de professores.

7.1.2 Família

Quanto à escolaridade da família de origem constatou-se, conforme os dados apresentados na Tabela 2, que a maioria tem pais com nível de ensino fundamental.

Tabela 3 – Escolaridade da família das professoras

Pais	Mães
1º grau - 14	1º grau - 12
2º grau - 3	2º grau - 2
3º grau - nenhum	3º grau - 2
não estudou – nenhum	não estudou - 1

Fonte: Entrevista com as professoras.

Mesmo tendo a maioria dos pais das professoras formação de 1º grau, observou-se ser grande a variedade de atividades profissionais desempenhadas por eles (mecânico, caminhoneiro, construtor, motorista, contador, servente, funcionário público, comerciante, braçal, representante). No caso das mães, a maioria (doze) dedica-se a atividades domésticas (70%). Em outras atividades, há menor variedade que as exercidas pelos pais (cozinheira, cabeleireira, professora, servente, supervisora de ensino). Esses dados apresentam similitude com os encontrados em outras pesquisas: apesar da tabela mostrar que o nível de escolaridade dos pais e das mães é semelhante, contudo, isto não se traduz em maior inserção no mercado de trabalho, visto que 70% exercem atividades domésticas.

Com relação aos dados apresentados, um fato merece um comentário: a minoria que possui atividade remunerada está exercendo ocupações tradicionalmente femininas, geralmente de menor prestígio social e de remuneração mais baixa, como observado anteriormente neste trabalho.

Outro dado constatado em outras pesquisas diz respeito ao fato de que a mãe exerce maior influência do que o pai na elevação do nível de instrução dos filhos; no caso observado, isto poderia ter pesado. Embora o nível de instrução da mãe fosse apenas um pouco mais elevado do que o do pai, este fato talvez tenha influenciado na formação das professoras, a maioria com nível superior.

Um dado interessante, extraído dos questionários, é que entre os irmãos(ãs) das professoras entrevistadas, poucos(as) são professores(as); o único professor, irmão das entrevistadas, atua no nível superior, ao passo que as mulheres são docentes no Ensino Fundamental.

Percebeu-se, pois, que há um movimento ascendente na trajetória social e de instrução das professoras em relação à família de origem, como visto pelos dados apresentados acima. Entre as casadas, enquanto a maior parte dos pais freqüentou apenas o 1º grau, os cônjuges, na maioria, cursaram o Ensino Médio; três o Ensino Superior, apenas um o Ensino Fundamental e exerce profissão de menor prestígio social.

É interessante observar que das 10 professoras casadas, 8 têm nível superior, enquanto que entre os maridos apenas 4 têm este grau de instrução e 3 destes exercem as profissões que escolheram (engenharia, odontologia).

Procurou-se detectar, entre as professoras casadas, com filhos, se havia diferenças de tratamento relativamente ao aspecto *educação escolar* quanto a meninos e a meninas. A maioria tem filhos menores, cursando ensino fundamental e médio, sendo que apenas um deles encontra-se no nível superior (Engenharia Elétrica); a maioria estuda em escola particular. Não foi possível fazer uma análise comparativa entre a opção de cursos de meninos e meninas de uma mesma família porque só foi encontrado um caso. Neste, apenas a filha mais nova cursa o Ensino Médio, os outros deixaram de estudar.

As filhas das professoras estão cursando de Educação Infantil ao Ensino Superior. Neste último nível estão três que cursam Direito (público-privado) e uma Enfermagem (privado). Se se observar a trajetória do grau de instrução da família percebe-se que houve uma evolução: pais (maioria Ensino Fundamental), maridos e professoras (Ensino Médio mas também superior) e filhos (meninos e meninas) nível superior ou expectativa de cursar uma faculdade. Embora as escolhas das meninas estejam predominantemente na área de Humanidades, como a Enfermagem (tradicionalmente feminina como o magistério), nota-se que já há procura por profissões mais valorizadas social e economicamente e diferentes das de suas mães, que escolheram uma profissão conciliável com as atividades domésticas.

7.1.3 Salário

Neste item, além dos resultados da nossa pesquisa de 1994/1995, serão citados os de uma pesquisa maior realizada por Gatti, Espósito e Silva (1994)[16], pois há similaridade entre os resultados encontrados em ambas e também porque mostram a gravidade do problema em questão em nível nacional, e sem que nenhuma providência tenha sido tomada até o momento. Apesar de a questão salarial ser a principal e vital necessidade para

---

[16] As autoras desenvolveram um estudo dentro do *Proyecto magisterio: caracteristicas de la profession maestro*, realizado em vários países da América Latina. Algumas questões foram repetidas neste trabalho a fim de se observar se havia similaridade entre os dados globais e os dados encontrados em nível local.

a cidadania da mulher, ela continua sendo aviltada, principalmente no magistério.

A observação feita na escola mostra o círculo vicioso que é o trabalho da mulher. O cotidiano e o seu papel social, historicamente e ainda hoje, estão interligados e interferem no trabalho remunerado[17].

A maioria das professoras não exerce outra atividade remunerada. Quando isto ocorre, trata-se de atividades ligadas à economia informal, ou seja, confecção e venda de trabalhos manuais, venda de jóias, digitação de trabalhos universitários. Há ainda o caso daquelas que colaboram com o marido ou o pai em atividades comerciais (padaria e escritório). O fato de a maioria não exercer outra atividade remunerada não quer dizer que não necessitem de outro salário. Não o fazem pelo fato de algumas terem voltado a estudar, e também porque, aliada à jornada de trabalho docente, há a jornada de trabalho doméstico (em poucos casos há uma divisão de trabalho no lar).

Com relação à importância do salário das professoras para sua manutenção e de sua família, observou-se que ele é fundamental na determinação do orçamento familiar. Na maioria dos casos não é o único. Quanto às professoras casadas, há alguns casos em que

---

[17] Estas são constatações presentes na pesquisa de BLAY (1985, p. 16), acerca do trabalho feminino em 1978, ou seja, havia " restrições à profissionalização da mulher mãe e esposa e a manutenção de uma divisão de trabalho interno ao lar sem que o exercício profissional abale a atribuição das funções domésticas femininas".

os filhos trabalham; o salário é o único da família apenas no caso das professoras solteiras, separadas e da viúva com filhos menores. Assim, vê-se que o salário das professoras é fundamental e decisivo tanto para sua manutenção quanto para o orçamento familiar e sua maior ou menor importância depende de a situação socioeconômica ser mais ou menos favorecida. Estas constatações referem-se ao ano de 1994, quando as primeiras entrevistas e observações na escola foram iniciadas, ocasião em que as professoras admitiram utilizar 100% do salário no orçamento familiar. Três professoras assim se expressaram:

> *Gasto praticamente 100% do meu salário com meus pais. Eles dependem de mim e meu pai toma remédios caríssimos. Seria necessário um aumento de 150% para que o nosso salário melhorasse um pouco (Professora, solteira, 48 anos, 1994).*

> *Gasto 100% do meu salário com despesas da família, inclusive com materiais da casa que moro, em fase de acabamento. Minha filha só pode cursar o 3º ano integrado para o vestibular porque consegui uma bolsa de estudos; anteriormente ela estudava na escola pública. Hoje estou decepcionada com os baixos salários que recebemos e o ideal que tinha, com o passar dos tempos,*

> *às vezes parece cair por terra (Professora, casada, 43 anos, 1994).*
>
> *Gasto 100% do meu salário na manutenção de casa, pois sou separada e tenho dois filhos menores, gêmeos de 13 anos e falta muito; por este motivo não posso lecionar outros períodos, sou professora de matemática, biologia e ciências, mas não posso deixar meus filhos sozinhos dia e noite, então tenho que me sujeitar a este salário de um período de trabalho apenas (Professora, 56 anos, divorciada, 1994).*

Neste mesmo ano, 1994, uma das professoras, com 47 anos de idade, casada e com três filhos, cursando Pedagogia na UNESP de Marília, deixa o magistério para investir em outra profissão (comércio), cansada por não ver possibilidade de mudança, principalmente no referente a salário.

Em 1996, foi repetido o mesmo questionário com as professoras que não estavam em 1994 nesta escola e as respostas foram idênticas, predominando mais intensamente a insatisfação por não haver perspectivas de mudança.

Cabe aqui uma reflexão paralela sobre as condições de trabalho da mulher dentro do magistério, profissão historicamente com predominância feminina. Tem-se notícia de que nas famílias colocadas no nível mais acentuado de miséria, a maioria é chefiada por mulheres.

Neste exemplo, entre outros, e no caso da professora, existe a denúncia de exploração que se faz do trabalho da mulher. A cada ano pode-se observar que a renda assumida ideologicamente "como complementar é de fato a principal ou a substancial para a maioria das professoras do Estado de São Paulo", como mostra Madeira (1979, p. 24)

> *O procedimento generalizado por parte do empregador, da família, e da própria mulher, de assumir o seu trabalho como 'apenas complementar', constitui um fator adicional e muito pouco referido para entender o baixo nível de vida de amplos setores da população, sobretudo nos países de industrialização recente. Isto é particularmente verdade quando a renda assumida como complementar é de fato a principal ou substancial, como ocorre na maioria das famílias das professoras do Estado de São Paulo.*

Corroborando com a afirmação de Madeira (1979), Gatti, Espósito e Silva (1994), examinando a importância relativa do salário do(a) professor(a) para a sua manutenção e a de sua família, verificaram que:

> *– em 16% dos casos é o único salário;*
> *– em 24% dos casos ele é declarado como fundamental para a família, e*

> – em 38% dos casos ele cobre as despesas pessoais dos (das) docentes e contribui para o orçamento familiar;
> – somente em 10% dos casos esse salário é usado apenas para as despesas pessoais;
> – em 8% dos casos é usado para a manutenção independente do (a) docente.

A conclusão das autoras é de que estes dados mostram claramente que o salário do(a) professor(a) tem importância fundamental para a melhoria do padrão de vida da família. Considerando que 94% do conjunto dos docentes analisados eram do sexo feminino, pode-se inferir que o salário da mulher professora é tão mais importante para o orçamento familiar quanto mais desfavorável for a situação sócio-financeira e econômica da família.

Todas as reformas no ensino paulista, a partir dos governos militares, trouxeram como proposta pedagógica as já citadas anteriormente, que, como apontado, trariam mudanças significativas à qualidade do ensino no concernente à formação do cidadão consciente e atuante. Mas ao mesmo tempo, e cada vez mais intensamente, ocorreu o aviltamento salarial, item de grande relevância para a aceitação pelos(as) professores(as), das propostas pedagógicas sugeridas. Do que foi abordado pode-se constatar uma contradição na política educacional, o governo reitera a proposta pedagógica que conscientiza politicamente tanto professores e alunos, contudo, ao mesmo tempo, administrativamente, concorre para o aviltamento pessoal da professora, remunerando-a de forma indigna.

Aparentemente, o poder público ainda pensa no magistério como uma profissão exercida por vocação, doação ou filantropia e que o salário da professora é complementar ao do marido ou apenas para as despesas extras. Além disso, parece prevalecer o imaginário de que por ser o magistério exercido majoritariamente por mulheres, estas aceitem e se submetam a todo o tipo de imposições.

7.1.4 Valores ideológicos ou simbólicos

Quando questionadas sobre os motivos que as levaram ao magistério, os fatores indicados com mais freqüência foram, pela ordem de importância: "gostar de crianças, independência financeira, carreira de mulher, estímulo da família, sonho de ser professora, para conciliar trabalho e lar, falta de opções, por não poder pagar faculdade".

Esses motivos vêm corroborar o que se discutiu, nos capítulos 3, *Formação da identidade feminina*, e no 4, *Mulher e trabalho*, que o fator condicionante para a escolha da profissão é a influência da socialização feminina, na qual a presença dos estereótipos sexuais são responsáveis pela ideologia dos papéis e profissões femininas.

Isto fica mais visível com a escolha dos itens "sonho de ser professora", "carreira adequada para mulher", "gostar de crianças", escolhas que coadunam com os padrões de comportamento vigentes. Houve uma aceitação de papéis tradicionalmente femininos, aliados a traços de evolução no que diz respeito à esperança de emancipação econômica expressos no item "independência financeira".

Este dado merece ser comentado, pois é revelador da falta de esclarecimento e conhecimento sobre a realidade da profissão, ou seja, que é uma carreira que tem se desvalorizado através do tempo e em todos os sentidos. Atualmente, por meio do magistério de 1º grau a mulher não consegue se emancipar, pois, apesar de integrar a população economicamente ativa, seus ganhos são insuficientes para lhe garantir os direitos básicos inerentes à cidadania.

Isto foi observado não só com relação às professoras com maior tempo de exercício profissional, mas também com as mais recentemente formadas, o que nos conduz, novamente, à reflexão sobre a formação da profissional da educação atualmente. As escolas estariam realmente formando profissionais cidadãs? Quando se trabalha com fontes orais, observa-se que as moças têm consciência das dificuldades por que passa a educação, mas, mesmo assim, continuam a procurá-la por gostar da profissão.

As opções "conseguir um diploma mais rapidamente" e "mercado de trabalho difícil em outras áreas" foram as menos apontadas como influenciadoras da carreira.

Outras respostas foram citadas, como: "por gostar de ensinar", "era uma das únicas profissões para as moças do interior nos anos de 1960" e também "por acaso", opção feita por uma professora que anteriormente lecionava matemática no ensino médio. Ao terminar o curso de Pedagogia, foi aprovada em concurso para professor I, assumiu a classe e se identificou tanto com este nível de docência que optou essencialmente por ele.

É interessante mencionar que mesmo qualificadas para seguir outras carreiras optavam pelo Magistério, como no caso da professora formada em Direito que afirmou ser "esta uma das únicas profissões para as moças do interior". Trata-se, este, de um exemplo do que Blay (1978), Saffioti (1969), Madeira (1979) entre outros autores, observaram com relação à escolha da carreira: não era uma escolha, elas eram induzidas a cursar e exercer o magistério, mesmo gostando e estando aptas para exercer outra profissão.

As respostas sobre suas expectativas quando começaram a lecionar permitiram que se aduzisse que o nível socioeconômico influenciou a motivação pela carreira. Quando o nível socioeconômico familiar é mais baixo, aliado a outros fatores, sempre a questão salarial encontra-se no cerne da resposta: intenção de contribuir para a manutenção da família. Respostas do tipo "ser respeitada socialmente" expressam a busca de um *status* social mais elevado.

Quando o nível socioeconômico familiar é mais elevado, as expectativas designam idealismo ou satisfação pessoal: "ser uma ótima profissional", "poder ensinar alguém", "ser uma pessoa independente", "gostar da profissão", "ter reconhecimento social", " a satisfação profissional na realização de um sonho".

No caso em que a mãe é profissional da educação, supervisora de ensino, a expectativa é influenciada e estimulada pela família. Surgiram respostas como: "Na verdade eu não tinha muita noção do que seria lecionar", professora esta que depois se decepcionou com a carreira. Em outro caso, a professora que já trabalhava em secretaria de uma escola, revelou que tinha "expectativa de mudanças, de esperanças". Parece que tornar-se professora significaria uma esperança de elevação econômica e profissional. A maioria, porém, iniciou a profissão com expectativas positivas, com uma motivação elevada.

Ao se considerar, posteriormente, se as expectativas iniciais foram cumpridas totalmente, parcialmente ou não se cumpriram, os resultados obtidos, para "não se cumpriram" ou "cumpriram-se parcialmente" foram proporcionalmente iguais. O principal motivo declarado foi a frustração por: "baixo salário e falta de respeito em geral", "descaso com a educação", "grande decepção, pois não era bem isto que queria fazer, mas levo a profissão a sério", "não há valorização em educação", "condições de trabalho", "inicialmente foram cumpridas, em 1970 éramos bem remunerados", "com o tempo aumentou a falta de estímulos por motivos salariais e descaso das autoridades", ou ainda, "remuneração péssima e desinteresse das crianças".

Isso demonstra que o motivo principal e mais frustrante para as professoras ocorre com relação à despreocupação do Estado e das autoridades em geral, aos baixos salários e conseqüente desvalorização social dos docentes.

O "desinteresse das crianças" foi citado apenas pelas professoras iniciantes, que eram estagiárias na escola, o que pode estar aliado à falta de prática docente para trabalhar com crianças pequenas em fase de alfabetização, entre outros fatores.

Dentre as que responderam que "as expectativas foram cumpridas totalmente", três professoras justificaram-se dizendo: "sempre procurei realizar meu serviço da melhor maneira possível para que os alunos aprendessem" ou "porque tornei-me uma ótima profissional", respostas estas coerentes com as expectativas iniciais dessas professoras, ou seja, respostas que denotam preocupação com a própria competência profissional, na parte pedagógica.

No geral, as respostas demonstraram que as frustrações são causadas mais por ação das autoridades e pelo Estado, pois quando questionadas sobre se "eram respeitadas na comunidade em que lecionavam", apenas uma professora respondeu "mais ou menos". As demais responderam afirmativamente.

Constatação semelhante observou-se na questão seguinte: *Você acha que há desvalorização social dos docentes?* As respostas, em sua maioria, foram positivas, e os motivos apontados foram os seguintes: "descaso com a educação"; "se os governantes não nos respeitam não podemos pretender esse respeito"; "baixo salário, ele não atrai bons profissionais e estimula os bons a procurar outras atividades. Com isso cai o nível do ensino. Ninguém paga bem a profissionais ruins e voltamos ao ponto de partida, o baixo salário"; "nossos governantes não têm interesses em cidadãos alfabetizados e com senso crítico"; "há desvalorização no campo financeiro e profissional"; "devido ao salário, as pessoas procuram melhores condições de vida em outros trabalhos; a escola fica defasada e desvalorizada"; "por ganharmos menos que muitos dos nossos alunos"; "salário e condições de trabalho"; "devido ao baixo salário, no mundo capitalista os valores foram trocados e o fator econômico é mais valorizado do que o estudo".

Algumas respostas deram-se em nível de desinteresse por parte do meio social do aluno: "falta de utilidade que o estudo tem no meio mais pobre e médio", ou quanto à competência dos profissionais que atuam hoje na escola pública: "alguns profissionais não têm a formação adequada (cursos malfeitos)", o que revela uma visão parcial da problemática que envolve o ensino, ou seja, dos reais fatores que levam à situação atual do ensino e da profissão, atribuindo, em alguns casos, culpa às vítimas do sistema e generalizando falta de competência, o que é injusto.

Parece desnecessário discorrer mais sobre os motivos da frustração das professoras. Os relatos acima mostram o quanto é preocupante a situação atual, pois elas não se mostram motivadas, ou melhor, não há um clima favorável, motivador. Mas, mesmo assim, o grupo pesquisado não transforma a insatisfação em obstáculos que venham impedir a superação das dificuldades do seu cotidiano escolar, a busca de alternativas para enriquecer sua prática educativa, bem como de aprimorar-se para melhorar a qualidade do ensino na unidade escolar em que atua.

Outro fator observado e que vem se somar ao já relatado acima diz respeito a: *Se pudesse, escolheria outra profissão?* As respostas afirmativas e negativas foram em igual número. As que responderam negativamente, mesmo diante de tantas dificuldades, disseram que continuariam no magistério porque "gostam de fazer o que fazem".

As respostas afirmativas para essa questão tiveram como explicação: "desvalorização do professor", "esta profissão não tem mais futuro", "para ter um salário mais digno", "pela valorização profissional que outra profissão poderia proporcionar", "pela desilusão", "para poder viver com mais conforto".

Talvez o fato de não terem chances de ascender profissionalmente, ou de ascenderem apenas até um certo nível, e também porque a capacitação via cursos de atualização, pós-graduação e até mestrado não são valorizados nem estimulados as influenciem a não continuarem na carreira. Possivelmente, a única opção que lhes resta é partir para a administração ou supervisão escolar, onde o plano de carreira proporciona mais chance de ascensão. Isto, a nosso ver, constitui uma discriminação e uma injustiça para com a professora que gosta de lecionar para crianças no 1º grau e não tem interesse pela administração escolar.

Outro motivo que influencia a não continuidade da carreira (no caso, administração e supervisão escolar) é a jornada integral de trabalho, difícil para as professoras com filhos pequenos, somado ao fato de que, devido às precárias condições salariais, têm acumulado para si as atividades domésticas aliadas à profissão.

Portanto, das professoras que têm curso superior (Pedagogia), apenas seis pretendem continuar a carreira (são elas as mais novas ou as que freqüentaram curso superior público).

Pretendendo concluir as observações acerca da profissão na visão das professoras e também no sentido de se observar a motivação das mesmas para exercê-la diante de tantos fatores negativos por que tem passado a educação nas últimas décadas, foi-lhes solicitado: "o que é mais gratificante" e "o que é mais frustrante" no magistério.

As respostas ao primeiro item foram: "a aprendizagem da criança e o contato com ela"; "quando alunos com dificuldade conseguem progredir"; "ver que seu trabalho foi reconhecido"; "o carinho e o interesse dos alunos"; "ver que realizou um bom trabalho e que ele deu resultados positivos"; "aprendizado dos alunos se desenvolver a cada dia que passa"; "saber que estamos sendo úteis".

Pelo exposto, fica claro que os fatores extraclasse, anteriormente citados, parecem não interferir no contato da professora com seus alunos, como também em sua responsabilidade profissional. Mesmo diante de tantos fatores negativos para um clima motivador de trabalho, elas conseguem manter-se satisfeitas e comprometidas com o progresso da criança na aprendizagem. É louvável a atuação da mulher no magistério, mesmo sem o reconhecimento por parte do Estado. Há exemplos de experiências bem-sucedidas que não são valorizadas, mas, mesmo assim, continuam fazendo o melhor possível no cotidiano escolar.

A resposta "saber que estamos sendo úteis" parece mostrar resquícios de certa baixa auto-estima feminina, desvalorizadora de seu papel social, característica, esta, comum a muitas mulheres.

Com relação ao que é mais frustrante, a maioria respondeu, como em outros momentos desta verificação, ser o "salário", seguido de "desvalorização da profissão" e "falta de reconhecimento da sociedade".

7.1.5 Deficiências na formação e a busca de superação

Algumas professoras apontaram deficiências na sua formação, outras não atribuem a isto as dificuldades que encontram no seu trabalho, do ponto de vista pedagógico. As que responderam afirmativamente, colocaram que os motivos foram: "falta de aulas práticas", "a parte pedagógica foi deficiente", "o curso não deu uma boa base", "não preparou adequadamente para enfrentar a sala de aula", "não tivemos uma formação crítica", demonstrando as deficiências que foram apontadas no item referente à "formação da professora", no capítulo dois.

Diante das dificuldades sentidas pelas professoras na sua prática docente, foi-lhes perguntado se estavam cursando ou já fizeram cursos de capacitação, visando suprir suas deficiências, já que foram oferecidos alguns cursos pela Secretaria da Educação, ou mesmo outros. Observou-se que elas se encontram atualmente, desmotivadas por todos os problemas já mencionados, mas, mesmo assim, fazem cursos ou já fizeram, a maioria deles não recentemente.

Como já citado, há duas professoras com pós-graduação e uma outra que freqüentou, durante quatro anos, na FDE em S. Paulo, o curso de capacitação *Alfabetização-fracasso escolar*, vindo a ministrar aulas para professoras da rede na DE de Marília. Embora algumas delas tenham feito cursos há muito tempo, no geral, a maioria do corpo docente desta UE (Unidade Escolar) está empenhada em buscar mais conhecimento. Aquelas que os fizeram, afirmaram que estes contribuíram muito para sua atividade profissional.

Resultado similar foi encontrado quanto ao interesse pela leitura sobre educação; a maioria afirmou ter lido sobre o assunto, inclusive recentemente, citando títulos e autores. As professoras recentemente formadas na HEM não se lembraram de nenhum autor, título de livro ou artigo lido durante o curso.

7.1.6 O exercício da cidadania

Com um corpo docente bem formado, interessado em se atualizar e comprometido com a qualidade do ensino oferecido à clientela daquela comunidade, mesmo diante de tantos fatores negativos e desmotivadores, seria de se imaginar que haveria uma grande capacidade de mobilização para este reivindicar seus direitos na profissão.

Apesar de dez professoras concordarem com o mecanismo da greve, seis se mostraram contra e uma professora disse ser "às vezes" favorável. Ao ser perguntado se elas participavam das greves, oito responderam "sim", oito "não" e uma "às vezes". Uma assim se expressou: "às vezes, quando não há política". Isto é freqüentemente verificado nas críticas feitas pelas professoras com relação às manifestações sindicais, o que revela, a nosso ver, que há uma associação, na visão delas, de política com partido político ou, talvez, uma consciência política distorcida, levando, em muitos casos, a uma rejeição quanto à ação do sindicato da categoria. Possivelmente, a não adesão à greve seja influenciada pela visão equivocada da professora como "tia", que, afora mascarar o seu papel de profissional, ainda a discrimina como mulher, e para quem não "fica bem" fazer greve ou protestar.

Isto ficou ainda mais visível quando se perguntou se participavam de manifestação de rua nas reivindicações da categoria. Quatro responderam que já haviam participado (nas últimas manifestações apenas uma professora do Ensino Fundamental compareceu, o mesmo ocorrendo em outras ocasiões), a maioria disse que "não" e duas "às vezes", porque "não adianta nada", "não gosto", "não gosto de fazer papel de boba para os políticos". Há inclusive uma rejeição por parte da família quanto à participação delas nas manifestações, reforçando o colocado acerca do estereótipo de que tia, mãe, esposa e professora não devem protestar.

De certa forma, elas talvez tivessem uma parcela de razão quanto à greve: esta não traz atualmente benefícios à educação (posição com que alguns autores também concordam) a não ser a lição de exercício de cidadania. Mas, ultimamente, ela foi banalizada, constituindo-se num mecanismo superado.

A organização estrutural do sistema escolar aliada às condições de trabalho na educação não favorecem o exercício da cidadania da professora. Apesar de na lei existirem mecanismos de participação como, por exemplo, o Conselho de Escola, sabe-se que a participação da professora das séries iniciais ainda não acontece de forma efetiva e também, não é estimulada. Além disso, o Conselho interfere muito pouco na escola, a não ser com relação às questões pedagógicas.

Com o intuito de se ter a visão da professora quanto à importância social de seu trabalho e, complementarmente, sua visão quanto à profissão, foi-lhe perguntado: *O que é mais importante na sua profissão?* Eis as respostas: "realização profissional e pessoal"; "possibilidade de transformar o indivíduo"; "a criança"; "honestidade no trabalho com a criança"; "trabalhar com honestidade e passar para os alunos força de vontade, de lutar, senso crítico e amor à pátria e à família"; "dedicação"; "competência"; "valorização e remuneração justa"; "relacionamento com colegas, ver que ao final do ano atingiram (os alunos) os objetivos propostos".

Como se pode ver, as visões se confundem, porquanto algumas externaram características de ordem pessoal para exercer a profissão, outras manifestaram uma visão cujo enfoque estava nas necessidades profissionais para realização pessoal, na possibilidade da educação transformar o indivíduo, assim como um compromisso profissional com a cidadania visível nas palavras: "passar para os alunos força de vontade, de lutar, senso crítico e amor à pátria e à família".

Quanto à questão do relacionamento com as colegas, verifica-se que, ainda hoje, a escola, além de local de trabalho, para algumas mulheres representa um dos poucos locais de socialização.

Ainda se questionou acerca das atividades rotineiras do ambiente doméstico e escolar, com o propósito de colher informações que permitissem detectar se havia mudanças de comportamento no cotidiano da professora, bem como estereótipos sexuais.

O objetivo foi também observar se, apesar de na escola não haver uma preocupação com o gênero para uma real cidadania, outros meios, como os de comunicação de massa, faculdade, igreja etc., contribuíram para essa mudança de padrões tradicionais de comportamento, sobretudo no aspecto "divisão de trabalho".

7.1.7 O gênero e o cotidiano da professora

No que se refere à divisão de trabalho doméstico, apenas cinco das professoras partilham as atividades domésticas com marido e filhos. A maioria, mesmo trabalhando fora do lar, fazem todo o trabalho doméstico, ajudando inclusive na atividade comercial do marido ou do pai. São as professoras e/ou mães e/ou diaristas que fazem todo o trabalho diário e só recebem auxílio em alguns poucos casos, como pagamentos, consertos e compras.

Isto vem corroborar o que é sabido por todos: ainda hoje, no ambiente doméstico, persistem os papéis sexuais tradicionais. Como já se afirmou, dentro da família é onde a mulher encontra mais dificuldade para mudar comportamentos rígidos e preconceituosos. Muitas vezes, ela nem tenta mudanças, pois apesar de ter consciência desta divisão injusta, se rende à força dos padrões de comportamento tradicionais.

É perceptível a vontade de esta ter outra atividade profissional além do trabalho que socialmente lhe é delegado na família. Isto é importante para a mulher, como pode ser observado nas respostas à questão *Se você não precisasse trabalhar fora, gostaria de se dedicar inteiramente ao lar?* As respostas foram: "não me realizo com este trabalho"; "é um trabalho que não acaba nunca e nunca aparece"; "não, porque gosto do que faço"; "mulher não foi feita só para o lar"; "não agüento serviço doméstico"; "gosto de ter amigas". Esta resposta vem ao encontro do que foi comentado anteriormente sobre a escola ser um dos únicos locais de socialização para certas mulheres.

Dentre as poucas professoras que responderam afirmativamente, apenas três, disseram "gostar do que faziam em casa" ou que gostariam de usar o tempo no lar, "para ficar só estudando". No caso da última resposta, a professora está cursando Filosofia no período noturno, além de fazer digitação de trabalhos universitários para melhorar o orçamento doméstico e lecionar no período matutino; tem três filhos e é divorciada. Este é um exemplo das várias jornadas de trabalho exercidas atualmente pela mulher. As outras quinze professoras, mesmo que não necessitassem trabalhar fora do lar (o que não representa a realidade delas), não deixariam de exercer uma profissão.

Ainda quanto à atividade profissional, foi-lhes perguntado se acreditavam que "qualquer profissão seria boa para a mulher". Treze responderam que sim. Quanto a "educar bem um filho, mesmo trabalhando fora", quatorze responderam afirmativamente, apenas três não concordaram ser isto possível.

Quando questionadas sobre "qual comportamento era melhor para a mulher", a maioria manifestou padrões de comportamento não especificamente femininos, mas sim aqueles tradicionalmente incutidos na mulher via da socialização, ou seja, ser: "honesta e trabalhadora"; "o que ela achar melhor"; "cada um deve ter sua própria forma de conduta, desde que respeite o próximo"; "ser independente"; "ser dinâmica".

Apenas duas professoras responderam: "ser feminina". Como não explicaram o que isto significava, não foi possível refletir sobre a resposta. A maioria não mostrou expectativas de padrões tradicionais para a mulher, revelando uma postura diferente quanto à visão do papel da mulher na sociedade atual.

Isto ficou mais claro ainda quando se pediu a opinião sobre a participação da mulher em nossa sociedade. Foi possível observar que elas têm consciência das mudanças alcançadas ao longo dos anos e também dos direitos adquiridos (que não correspondem à grande participação da mulher em quase todos os setores da sociedade) e, ademais, têm consciência da responsabilidade que têm de aumentar esta participação. Assim se expressaram: "a mulher é tão capaz quanto o homem"; "melhorou muito, a sociedade vê agora com outros olhos as mulheres"; "ela é atuante e positiva"; "está começando a melhorar"; "a mulher tem participação ativa na sociedade e a cada dia essa participação aumenta"; "é pequena a participação, deveria participar mais"; "todas deveriam participar ativamente na sociedade, principalmente no governo"; "por enquanto as mulheres só têm ganho espaço, ainda não gozam do direito a ele".

Ficou claro também que a maior contribuição para a problemática feminina na sociedade se deu por meio dos meios de comunicação, ou seja, jornais, revistas, cinema e, principalmente, a televisão, citada pela maioria das professoras. As outras fontes foram: durante o curso superior; uma minoria por intermédio da igreja ou associação de bairro; três, durante o curso de 2º grau, embora brevemente. Citou a escola onde trabalhava apenas a professora que lecionava em escola particular até 1994 juntamente com a escola pública. Nenhuma das professoras que estão há mais tempo no magistério se referiu à década de 80, ocasião em que houve o debate sobre a mulher nas Escolas Públicas Paulistas.

Há que se considerar que a televisão é um veículo de acesso a praticamente todas as pessoas e realmente contribuiu favoravelmente para a questão da mulher. Pouquíssimas pessoas participam das associações de bairro e a única professora que participa, e é atuante, não recebeu informação quanto ao assunto.

Isto tudo vem corroborar e reforçar a hipótese, colocada anteriormente neste trabalho, de que nem o Estado (excetuando o ano de 1986, quando houve nas escolas públicas paulistas o debate sobre a questão da mulher) e, de certa forma, nem o sindicato (que tem pesquisas sobre a questão da mulher), naquele momento, desenvolveram uma política de conscientização da mulher na escola. Hoje, por ocasião do Dia Internacional da Mulher, a APEOESP tem estimulado o debate nas escolas através de folhetos informativos que trazem sugestões de atividades para serem desenvolvidas em sala de aula.

Finalizando, buscou-se propor questões que identificassem se as professoras ainda não assimilaram para si mesmas esses novos padrões de comportamento, já que, como visto, a maioria tem conhecimento e pensa sobre questões femininas de uma forma mais ou menos evoluída. O objetivo foi também verificar se elas apresentavam preconceitos em relação ao papel social da mulher, ou seja, se apresentavam estereótipos sexuais que pudessem influenciar no seu trabalho.

Pensando nisso, foram oferecidas algumas opções, a saber: diretor, dentista, delegado de ensino[18], bailarino, presidente de sociedade de bairro, cozinheiro, vereador, advogado, governador, promotor, enfermeiro, juiz, ginecologista, gerente de banco, faxineiro, inspetor de alunos etc.. Questionadas sobre quais daqueles cargos deveriam ser exercidos por homens ou mulheres, onze responderam que, excetuando alguns poucos cargos, todos os demais poderiam ser desempenhados por ambos os sexos. Quatro mostraram ainda resquícios de papéis tradicionais, deixando para homens, em todos os casos, os cargos de maior prestígio social, e para as mulheres os cargos tradicionalmente femininos ou aqueles em que, na atualidade, uma grande presença feminina é observada. Duas atribuíram a maioria dos cargos para o homem.

Isto foi confirmado em outra questão, onde se simulou a organização de festa junina na escola, na qual as professoras deveriam dividir tarefas entre professoras (es). Uma pequena parte respondeu que qualquer um poderia fazer qualquer coisa, mas a maioria atribuiu aos homens atividades como: estabelecer preços, vendas e atividades que envolvessem a força física, e para as mulheres atividades como decoração, organização de danças etc., revelando preconceitos estereotipados.

---

[18] No momento da pesquisa o cargo era exercido por um homem. Atualmente, a denominação foi alterada para Dirigente de Ensino, cargo exercido por uma mulher.

Escolheu-se também um tema que poderia ser considerado polêmico, educação sexual na escola. A maioria, treze, mostrou-se favorável; apenas quatro acham que "os pais é que sabem o momento certo e a hora certa de falar com seus filhos sobre isto" e apenas uma professora assim se expressou: "é preciso definir o papel da escola".

Com referência aos dois últimos casos mencionados é preciso considerar que, mesmo nas camadas mais favorecidas da sociedade, ainda hoje, para muitos pais, falar sobre sexo é um tabu. No caso em estudo, ou seja, numa escola em que a maioria da população localiza-se nas camadas menos favorecidas e com menor esclarecimento sobre o assunto, acredita-se ser um direito, sobretudo do adolescente, adquirir este conhecimento, já que é fato concreto a existência de uma grande proporção de adolescentes que se tornam prematuramente pais/mães em todas as camadas sociais. Em vista disto, deveria se iniciar este tipo de orientação, segundo a especificidade de cada faixa etária, desde os primeiros anos do 1º grau. Isto está presente no dia-a-dia da criança, através de vários meios, inclusive os de comunicação (principalmente a TV e computador), e também neste aspecto a escola é omissa. A omissão ocorre também no que diz respeito à conscientização e educação antidrogas e AIDS, que têm aumentado consideravelmente entre a população feminina.

A colocação da professora "é preciso definir o papel da escola", mostra o quanto elas se sentem indecisas e inseguras no seu trabalho. A escola assumiu para si, via educação compensatória, inúmeras atividades além do ensino formal. Mas, se se pensar em educação para a cidadania, e não apenas de educação como preparação para o trabalho, se outras instituições não proporcionam tais conhecimentos à criança a escola deve proporcioná-los, pois é nela que a criança é socializada por toda a infância e, possivelmente, pelo menos na comunidade estudada, até a adolescência, daí a responsabilidade maior dessa Unidade Escolar.

O que se depreende por meio das respostas às questões colocadas é que essas profissionais são mulheres que vivem as contradições da suposta cidadania brasileira na atualidade, refletidas no seu cotidiano familiar e profissional. Por serem mulheres é que ainda conseguem manter a esperança, a solidariedade, o companheirismo, profissionalismo e desejo de fazer o melhor possível pela criança no cotidiano escolar, mesmo diante de tantas adversidades por que tem passado a educação nacional.

Enfim, foi possível inferir, mediante o questionário, entrevistas e observações do dia-a-dia na escola, que a questão objeto desse estudo é percebida pelas mulheres que lá atuam, tanto na sociedade quanto em sua vida. Ocorre, entretanto, que tais problemas não são levados à sua prática pedagógica, via conteúdo, com vistas a promover transformações quanto aos "mitos acerca da feminilidade" (ROSEMBERG, 1975) ou, ainda, para tentar romper com o "autoritarismo social" (DAGNINO, 1994), que reproduz a desigualdade nas relações sociais no que diz respeito à classe, raça ou gênero e passar para uma sociedade efetivamente democratizada.

8. Considerações finais

A grande questão na atualidade é a conquista da cidadania. No exercício da minha profissão, a de educadora, observei que, não obstante a formação do cidadão ser o objetivo da educação nacional, os meios empregados na tentativa de alcançar tais fins mostram-se inadequados, bem como que os termos *direitos* e *cidadania* estavam sendo mal interpretados e até, por vezes, banalizados, a começar pelos atos do poder público.

Por estes motivos, iniciarei as considerações finais deste trabalho, relembrando as palavras de Esquivel (1994)[19] acerca de *democracia*. Democracia significa *direi-*

---

[19] As referências a Adolfo Perez Esquivel aqui apresentadas baseiam-se em anotações pessoais feitas durante sua palestra na VI Jornada Pedagógica – Educação para Paz, organizada pelo Conselho de Curso da Faculdade de Filosofia e Ciências – UNESP/Campus de Marília em 1995.

tos e *igualdade* para todos, direito à participação, a uma vida digna. Apesar de existirem os Direitos Humanos e os compromissos, estes, muitas vezes, não são efetivos na realidade. O Estado não os cumpre, assim sendo, pode-se afirmar que existem democracias formais e não reais.

Os muitos mecanismos existentes hoje na sociedade levam à supressão do aspecto crítico de cada cidadão, a uma perda de identidade das pessoas. O alcance de tal estágio demanda um aprendizado que permita que cada cidadão se transforme em ator e construtor de sua história, o que pressupõe uma busca permanente de reconstrução, que nada tem a ver com passividade e alienação.

A conscientização acerca desses valores é essencial para que homens e mulheres se vejam como pessoas humanas, ou seja, se conscientizem de seus direitos à liberdade, à justiça. Melhor dizendo, tenham consciência cívica e política que leve à participação de todos e a uma sociedade efetivamente democrática.

Tendo isto em mente, tentei delimitar a noção de cidadania aos anseios dos anos 90, que coloca, entre outras necessidades, a de que os grupos sociais marginalizados tenham "direito a ter direitos".

Como diz Dallari (1984), e faço dele as minhas palavras, o conceito de cidadão é mal definido e é utilizado com diferentes sentidos. Alguns o utilizam com a intenção de eliminar diferenças entre os seres humanos. Além disso, o conceito de cidadania está associado a uma vinculação jurídica, à ligação da pessoa com algum Estado. Contudo, vale considerar que os direitos da pessoa são anteriores à sociedade. A pessoa tem características próprias de sua natureza, que não dependem do Estado e nem podem ser eliminadas por ele. Isto está expresso na Declaração Universal dos Direitos Humanos, aprovada em 1948 pela Organização das Nações Unidas.

Quando se pensa em direitos da pessoa humana e na ênfase que nos últimos anos se dá aos direitos econômicos e sociais, indispensáveis para que o ser humano possa viver com dignidade, é preciso voltar ao cotidiano de homens e mulheres com vistas a assegurá-los. Isto porque, apesar de todo o debate e ações empreendidos pelo movimento de mulheres e pelas organizações internacionais, observa-se, ainda hoje, discriminações contra elas (e não só contra elas) e aviltamento de seus direitos básicos.

Além disso, relembrando as palavras de Franco (1994), a ação que concretiza o pensamento global só pode ser realizada no local, o caminho para o universal passa pelo local.

Nessa perspectiva, podemos reafirmar que a escola, sendo o local de socialização de meninos e meninas, é o lugar adequado para um real aprendizado e para uma vivência democrática que se estenderá na vida em sociedade, porque permite que alunos(as) e professores(as) interajam, aprendendo em conjunto.

Outro aspecto privilegiado aqui foi o *trabalho*, por este ser importante para o exercício da cidadania, por dar a condição de se atuar na sociedade, e também, porque este discriminou e escravizou historicamente, e ainda de certa forma atualmente, crianças e mulheres. Neste sentido, concorda-se com o preconizado por Groppi (1994) e que se refere a "meia cidadania" ou "cidadania imperfeita" para as mulheres.

Tudo isto ficou visível quando os resultados do debate sobre o papel da mulher na sociedade nas escolas paulistas, em 1986 foram analisados. Verificou-se ali que o trabalho, segundo a ótica das meninas, não era uma via para sua emancipação ou meio de participação na sociedade, porque, no seu cotidiano, o que presenciavam eram mães exploradas em trabalhos desvalorizados, tanto econômica quanto socialmente, sendo este, muitas vezes, um fator complicador devido à falta de creches para seus filhos, por exemplo. Portanto, para elas ao invés de o trabalho significar libertação, significava dependência, sobrecarga de atividade e exploração.

Esta constatação e o problema da valorização do trabalho da mulher na atualidade, entre eles o magistério, é que me levaram a desenvolver no capítulo A *abordagem através do tempo*, uma retrospectiva histórica sobre o papel da mulher na sociedade, a divisão sexual do trabalho e a concepção da profissão *magistério*, porque estes estão interligados. Outro motivo foi o fato de a história interpretar a educação nas diversas épocas e contextos, ou seja, fornecer a explicação das causas sociais, políticas e culturais no decorrer do tempo. A educação é influenciada pelos aspectos do contexto histórico e, conseqüentemente, também a educação da mulher.

Este processo através da história mostrou que, excetuando-se as organizações primitivas, a valorização do trabalho da mulher foi, ora mais, ora menos, manipulado pelos grupos dominantes, detentores do poder. Mostrou, ademais, que independentemente disto, a mulher sempre trabalhou, seja no campo, nas cidades, exercendo um papel fundamental na Idade Média, nas primeiras indústrias e este sempre aliado ao trabalho doméstico.

Esta valorização/desvalorização do trabalho feminino foi conseqüência de um processo ideológico em cada sociedade, ideologia essa emanada das idéias dos grupos dominantes detentores do poder, que ora o repelia em nome do decoro e dos bons costumes, para a preservação da família patriarcal ou quando representava uma ameaça ao trabalho masculino, e ora o estimulava por representar mão-de-obra barata e, por conseguinte, maior obtenção de lucro.

Insatisfação sempre ocorreu, mesmo nas sociedades mais estratificadas e de costumes mais rígidos, o que ocasionou para muitas mulheres sanções de todos os tipos, desde o cercear de direitos e cidadania, até mesmo a própria vida. O papel social da mulher a impedia de ser cidadã.

Para maior enriquecimento do estudo fez-se uma breve retrospectiva sobre o movimento de mulheres em nível mundial e também no caso brasileiro, para resgatar este importante processo histórico em que as mulheres, enquanto setor heterogêneo (e daí muita dificuldade em se organizar para um bem-comum), exerceram a cidadania, de tal forma que foi considerado o movimento social político mais importante do século XX. Sentiu-se ainda a necessidade de se levar este processo histórico para a escola, a fim de que as futuras gerações não tenham a consciência ingênua de pensar que tudo foi concedido pela evolução natural da sociedade. Por este motivo, procurou-se fazer uma reflexão sobre a cidadania da mulher professora, porque ela é a agente direta de transmissões destes valores para a efetivação da sociedade democrática. Embora menosprezado pelo poder público, seu trabalho é importante e imprescindível no processo de conscientização dos futuros adultos cidadãos, para que exerçam sua cidadania de forma plena, pois como diz Benevides (1996), ser cidadão é compreender que situações de injustiça podem ser transformadas pois a história tem mostrado que mudanças importantes ocorreram devido às pressões populares. É preciso lembrar que a cidadania democrática exige a participação de homens e mulheres nas associações de bairro, de pais e mestres, conselhos, sindicatos, entidades de classe e partidos políticos.

No Brasil, o magistério foi um dos primeiros trabalhos exercidos pela mulher e desde seus primórdios teve características peculiares, pois apesar de proporcionar elevação intelectual para a mulher, não promovia sua emancipação. A sociedade permitia que a mulher a exercesse desde que esta não interferisse no seu papel principal de esposa e mãe. Esta ideologia marcou tão profundamente nossa cultura que ainda hoje observam-se resquícios deste modo de pensar.

O magistério, como amplamente discutido neste trabalho, constituiu-se numa profissão feminina que sofreu intensamente a influência dos valores culturais e ideológicos desvalorizadores da mulher. Na escola reproduziam-se valores, preconceitos e costumes da sociedade patriarcal e sua formação não a conscientizava para perceber tal discriminação, o que tornava a professora "agente e paciente" da própria ação, conforme Verucci (1977) apontou.

Isto se agravou com a decadência do ensino como um todo, quando também a formação da professora foi afetada. Com a democratização da escola pública, a formação insuficiente, a desvalorização da profissão em todos os sentidos, as dificuldades aumentaram ainda mais. É neste sentido também que considero que o trabalho da mulher no magistério promoveu, historicamente, *meia cidadania* para ela. Pedagogicamente, mesmo na modernidade, parece que a escola continua a estimular nos (as) estudantes a obediência e a submissão. Como Guevara (1993, p. 58) questiona: "Quem é mais dócil e submissa do que uma 'boa menina'? Menina que representa o modelo do ideal feminino da 'boa mulher': boa esposa, boa mãe, que dedica sua vida a satisfazer aos outros sacrificando-se a si mesma, [...]".

Parece que, como afirma a autora, no cotidiano escolar, professoras e alunas reforçam a construção de personalidades dependentes e inseguras, alheias ao próprio coletivo de gênero que, a nosso ver, não contribuem para a formação com vistas ao exercício da cidadania. O Estado, enquanto órgão financiador, gerenciador e organizador da educação, contribuiu para esta realidade, já que não proporcionou um programa educacional que sistematicamente atuasse para uma nova concepção do papel da mulher na sociedade, até o momento em que a pesquisa foi realizada. No âmbito nacional, a Escola Pública sofreu mudanças, com a promulgação da Lei de Diretrizes e Bases da Educação Nacional em 1996 e a adoção dos Parâmetros Curriculares Nacionais, nos quais a questão de gênero é contemplada, a partir deste momento, para todo o país. Foi um avanço importante, contudo, os docentes em exercício na rede não tiveram capacitações que os auxiliasse a trabalhar com segurança os temas transversais, nos quais a questões de direitos humanos e gênero estão presentes.

Aliado a todas estas dificuldades, e decorrentes delas, a professora passou a sentir insegurança, impotência e baixa auto-estima, agravado ainda mais pelo desrespeito e descaso pelo poder público e desvalorização pessoal, principalmente pelos baixos salários. Estes fatores foram responsáveis pela resistência às mudanças e novas propostas pedagógicas com vistas à transformação da sociedade, como as colocadas na década de 1980 para as escolas paulistas.

Tão importantes para a real formação do cidadão, estas sementes não caíram em campo fértil, pelos fatores colocados e também pelos vinte anos de alienação, que geraram passividade e ausência de espírito crítico, valores estes reforçados por nossa herança patriarcal. O próprio sistema escolar contribuiu para dificultar a adoção de Novas Propostas Pedagógicas, na medida em que o que se presenciava era a descontinuidade das propostas e fins político-eleitoreiros, juntamente com um descaso para com professores e alunos.

Merece destaque aqui a excelência do primeiro governo pós-militarismo para a causa feminina, ao aderir aos anseios das mulheres paulistas num momento de discussão geral na sociedade com vistas à cidadania, estendendo-os às escolas públicas paulistas. Pela primeira vez na história da educação esta questão foi efetivamente colocada, mas, pelos motivos citados, não teve continuidade, o que representou um grande ônus para relações de gênero democratizadas.

Independentemente da omissão que se seguiu na escola pública a partir deste momento, grandes e importantes mudanças ocorreram para as mulheres na sociedade em geral, pois os Conselhos, Organizações Não-Governamentais e outras associações de mulheres, os meios de comunicação e as organizações internacionais continuaram a atuar neste sentido.

Isto foi detectado nas entrevistas e nos questionários feitos com as professoras da escola pública, onde se constatou existir a consciência sobre a problemática feminina, mas uma não assimilação de transformações quando se trata do papel doméstico e divisão sexual do trabalho. Verificou-se, ademais, que a questão da mulher não se constituía num problema a ser tratado efetivamente na escola, talvez por, *aparentemente*, ser a escola o local onde todos são iguais e têm direitos iguais, ou seja, por se ter aquela falsa idéia de neutralidade da escola que, a nosso ver, não condiz com o ideal de cidadania que se aspira para a sociedade democrática.

Para que esta se efetive, a escola deve trabalhar agora com os direitos da pessoa humana. Esta, pode ser diferente, ter características e necessidades diferentes, mas nem por isto deixará de ser cidadã ou ser impedida de exercer a cidadania. Além disso, as mulheres pertencem a diferentes classes sociais, enfrentam competitividade como os homens, são exploradas e discriminadas até por outras mulheres de níveis diferentes, fato este observado também na escola, já que mulheres atuam em diferentes posições da hierarquia do sistema escolar.

A reflexão deve estar presente nos conteúdos escolares, porque ali meninas e meninos se encontram no processo de ensino-aprendizagem, para que se tornem futuramente cidadãos no sentido amplo ao qual Dallari (1984) se referiu, porque são atores e serão construtores da sociedade democrática.

Ao final deste trabalho, algumas hipóteses se tornaram certezas e outras continuam dúvidas. Existem soluções para os problemas levantados? Não, apenas propostas e esperança de mudanças. Por haver tantos fatores a interferir é que se reconhece a dificuldade de se aderir às propostas que proponho neste trabalho.

Foi possível entender, mas não explicar, a dificuldade da professora em exercer sua cidadania, pois muitas que atuam na Rede de Ensino Público Paulista não foram educadas para exercê-la. A questão da mulher na sociedade só recentemente foi incluída como conteúdo nos cursos de formação de professores e nos PCNs (BRASIL, 1997), podendo ou não ser acatada. Devido à heterogeneidade de modos de pensar e de costumes, se a professora não vê esta questão como um problema, não verá a necessidade de abordá-la. Isto dependerá de cada uma.

Fato semelhante ocorre na escola de Ensino Fundamental. Daí a necessidade de, além dos cursos de formação e de educação continuada para professores(as), levar à classe a problemática objeto desse estudo, proporcionando debates na tentativa de viabilizar transformações no cotidiano, educando para a cidadania.

A hipótese inicial de que as professoras não se preocupavam com a questão da mulher foi descartada, pois o questionário e as entrevistas mostraram que isto não era verdadeiro, apenas estas não se vêem como agentes importantes para mudanças e daí não levarem esta reflexão para a sala de aula.

Neste processo, supervisores e diretores (maioria mulheres) bem como coordenadoras poderiam exercer um importante papel no sentido de favorecer e estimular a reflexão. Todavia, diante da já mencionada heterogeneidade de pensamentos e costumes acerca da suposta igualdade de direitos presente na escola, pelo próprio sistema hierárquico e administrativo escolar que tem afastado cada vez mais o administrador escolar da sala de aula, e de certa forma, parece promover a discriminação entre as mulheres, reconhece-se a dificuldade de um projeto neste sentido.

Este longo processo de transformação dos papéis sexuais, talvez não mais retrocederá, mas alguns equívocos ainda persistem, alguns dos quais mencionados neste trabalho. Agora o homem também deverá transpor seu "lugar social", pois o feminismo mudou a vida das mulheres e também dos homens. Essa mudança tem que se dar em toda a sociedade, com a adoção de novos valores e de novas formas de relações interpessoais.

O que se almeja, ao final deste trabalho, que no seu decorrer utilizou as palavras de inúmeros autores preocupados com o problema em foco, é dizer que para o resgate da cidadania não se deve esperar por mudanças por parte do Estado apenas. Estas devem ser iniciadas por cada uma de nós educadoras, no cotidiano de nosso trabalho, mudanças estas que devem ocorrer passo a passo e em cada momento de nossas ações. Com isto, estar-se-á contribuindo para a existência de uma sociedade menos preconceituosa e mais humana, onde homens e mulheres, em parceria, construam um mundo mais pacífico e uma sociedade realmente democrática.

Referências

ALMEIDA, J. S. *Mulher e educação*: a paixão pelo possível. In: REUNIÃO DA ANPED, 18., 1995, Caxambu. (mimeogr.).

ALVES, B. M. *Ideologia e feminismo: a luta pelo voto no Brasil*. Petrópolis: Vozes, 1980.

ALVES, B. M.; PITANGUY, J. *O que é feminismo*. São Paulo: Brasiliense, 1981.

AZEVEDO, F. *A cultura brasileira*. 5ª ed. rev. e ampl. São Paulo: Melhoramentos. EDUSP, 1971.

AZEVEDO, F. *A transmissão da cultura*. São Paulo: Melhoramentos, 1976.

BARROS, M. J. V. *Análise dos cursos de formação de professores no Brasil:* o trabalho pedagógico no CEFAM de Marília, 1995. Dissertação (Mestrado em educação) – Universidade de Campinas. Campinas, 1995.

BARROSO, C. *Mulher, sociedade e estado no Brasil*. São Paulo: Brasiliense, 1982.

BARROSO, C.; COSTA, A. O. (Org.). *Mulher mulheres*. São Paulo: Cortez, Fundação Carlos Chagas, 1983.

BARROSO, C. L. M.; MELLO, G. N. O acesso da mulher ao ensino superior brasileiro. *Cadernos de Pesquisa*, São Paulo, nº 15, 1985.

BARSTED, L. A. L. O movimento social e partidos políticos: o informal e o formal na participação política das mulheres. In: JORNADA DO COMITÊ DAS NAÇÕES UNIDAS CONTRA A DISCRIMINAÇÃO DA MULHER, 1, São Paulo, 1987.

BEAUVOIR, S. *O segundo sexo*. Os fatos e os mitos. 4ª ed. v. 1. São Paulo: Difusão Européia do Livro, 1970.

BEAUVOIR, S. *O segundo sexo*. A experiência vivida. 3ª ed. v. 2. São Paulo: Difel/Difusão Editorial S.A., 1975.

BENEVIDES, M. V. M. Os direitos humanos como valor universal. *Lua Nova:* Revista de Cultura e Política, São Paulo, nº 34, 1994.

BENEVIDES, M. V. M. *A cidadania ativa*. 2ª ed. São Paulo: Ática, 1996.

BENEVIDES, M. V. M. Cidadania e democracia. *Lua Nova:* Revista de Cultura e Política, São Paulo, nº 33, 1994.

BERNARDES, M. T. C. C. *Mulheres de ontem?* Rio de Janeiro, século XIX. São Paulo: T.A. Queiroz, 1988.

BLAY, E. A. *Mulher, trabalho e sindicato*. São Paulo: Conselho Estadual da Condição Feminina, 1984a.

BLAY, E. A. Trabalho industrial X trabalho doméstico: a ideologia do trabalho feminino. *Cadernos de Pesquisa*, São Paulo, nº 15, 1985.

BLAY, E. A. *Trabalho domesticado:* a mulher na indústria paulista. São Paulo: Ática, 1978.

BLAY, E. A. *Mulher, redemocratização e alternativas políticas.* São Paulo, 1984b. (mimeogr.).

BLAY, E. A. Movimentos sociais e participação política da mulher no Brasil. In: CONFERÊNCIA DE IPSA, 1984c, Sofia. (mimeogr.).

BLAY, E. A. Prefácio. In: WOLLSTONECRAFT, M. *Direitos das Mulheres e injustiça dos homens.* Tradução de Nísia Floresta Brasileira Augusta. 4ª ed. atual., com introdução, notas e posfácio de Constância Lima Duarte. São Paulo: Cortez, 1989. (Biblioteca da Educação, Série 3: Mulher Tempo, v. 3). Título original: *Vindication of the rights of women.*

BOBBIO, N. *A era dos direitos.* Rio de Janeiro: Campinas, 1992.

BONACCHI, G. O contexto e os delineamentos. In: BONACCHI, G.; GROPPI, A. (Org). *O dilema da cidadania:* direitos e deveres das mulheres. São Paulo: Ed. UNESP, 1995.

BONACCHI, G.; GROPPI, A. (Org.). *O dilema da cidadania:* direitos e deveres das mulheres. São Paulo: Ed. UNESP, 1995.

BRASIL. Constituições da República Federativa do Brasil e do Estado de São Paulo. Declaração universal dos direitos humanos. São Paulo: Imprensa Oficial, [2000].

BRASIL. Lei de Diretrizes e Bases da Educação Nacional, Lei nº 9.394/1996. In: CURY, C. R. J. *Legislação educacional brasileira*. Rio de Janeiro: DP&A, 2000.

BRASIL. Secretaria de Educação Fundamental. Parâmetros Curriculares Nacionais. Brasília: MEC/SEF, 1997.

BRUSCHINI, C. *Mulher e trabalho:* uma avaliação da década da mulher; 1975 a 1985. São Paulo: Fundação Carlos Chagas, 1985.

BRUSCHINI, C. Vocação ou profissão. *Ande,* ano 1, nº 2, 1981.

BUFFA, E.; NOSELLA, P. *A educação negada:* introdução ao estudo da educação brasileira contemporânea. São Paulo: Cortez, 1991.

CARDOSO, R. C. L. A trajetória dos movimentos sociais. In: DAGNINO, E. (Org.). *Anos 90:* política e sociedade no Brasil. São Paulo: Brasiliense, 1994.

CARTA aos Constituintes. Conselho Nacional dos Direitos da Mulher. 1985.

CARVALHO, M. P. Ritmos, fragmentação: tempo e trabalho docente numa escola pública de 1º grau. *Caderno de Pesquisa*, São Paulo, nº 84, pp. 17-30, fev. 1993.

CEDAW. *Proclamação Universal dos Direitos da Mulher.* São Paulo, 1987.

CHAUÍ, M. *O que é ideologia*. São Paulo: Abril Cultural, 1984.

CHAUÍ, M. Raízes teológicas do populismo no Brasil: teocracia dos dominantes, messianismo dos dominados. In: DAGNINO, E. (Org.). *Os anos 90:* política e sociedade no Brasil. São Paulo: Brasiliense, 1994.

COMPARATO, F. K. A nova cidadania. *Luá Nova:* Revista de Cultura e Política, São Paulo, nº 28/29, 1993.

CNDM. Conclusões. In: ENCONTRO NACIONAL: a mulher e as leis trabalhistas. Brasília, DF, 1987.

COSTA, A. de O.; BARROSO, C.; SARTI, C. Pesquisa sobre mulher no Brasil: do limbo ao gueto? *Caderno de Pesquisa*, São Paulo, v. 54, pp. 5-15, ago. 1985.

COVRE, M. L. M. *O que é cidadania*. 2ª ed. São Paulo: Brasiliense, 1993. (Primeiros Passos)

COVRE, M. L. M. (Org.). *A cidadania que não temos.* São Paulo: Brasiliense, 1986.

DAGNINO, E. Os movimentos sociais e a emergência de uma nova noção de cidadania. In: DAGNINO, E. (Org.). *Os anos 90:* política e sociedade no Brasil. São Paulo: Brasiliense, 1994.

DALLARI, D. *Ser cidadão*. *Lua Nova*: Revista de Cultura e Política, v. 1, nº 2, pp. 61-64, jul./set. 1984.

DALLARI, D. Constituição para valer. In: COVRE, M. L. M. *A cidadania que não temos*. São Paulo: Brasiliense, 1986.

DUBY, G.; PERROT, M. *História das mulheres no Ocidente*. Porto: Edições Afrontamento, 1991. v. 1-3.

ENGELS, F. *A origem da família, da propriedade e do Estado.* Rio de Janeiro: Civilização Brasileira, 1974.

ENGUITA, M. F. *A face oculta da escola.* Porto Alegre: Artes Médicas, 1989.

ENSINO e educação com igualdade de gênero na infância e na adolescência: guia prático para educadores e educadoras. Universidade de São Paulo; Núcleo de Estudos da Mulher e Relações Sociais de Gênero; Coordenadoria Executiva de Cooperação Universitária e Atividades Especiais. São Paulo: NEMGE/CECAE, 1996.

FEMINISTAS marilienses participam de 'Mulher na Constituinte' dia 7 de março em São Paulo, lançamento da campanha 'Mulher na Constituinte', cujo lema é a Constituição sem palavra de Mulher fica pela Metade. Marília News, nº 046, de 17-21/mar., 1986.

FARBER, S. M. *Que é a mulher.* Rio de Janeiro: Fundo de Cultura, 1963.

FARGE, A. Anne-Françoise Cornet. Artesã. Paris, século XVII. In: DUBY, G.; PERROT, M. *História das mulheres no Ocidente.* Porto: Edições Afrontamento, 1991. v. 3.

FARGE, A.; DAVIS, N. Z. Introdução. In: DUBY, G.; PERROT, M. *História das mulheres no Ocidente.* Porto: Edições Afrontamento, 1991. v. 3.

FERNANDES, A. *A mulher escondida na professora.* Porto Alegre: Artes Médicas, 1994.

FERREIRA, N. T. *Cidadania*: uma questão para a educação. 2ª ed. São Paulo: Nova Fronteira, 1994.

FRANCO, A. Ação local: uma nova opção de participação ético-política. *Subsídio:* Texto para reflexão e estudo, Brasília, DF, ano 2, nº 14, mar. 1994.

FREIRE, P. *Educação e mudança*. 20ª ed. São Paulo: Paz e Terra, 1994.

FREIRE, P. *Pedagogia do oprimido*. Rio de Janeiro: Paz e Terra, 1974.

FREIRE, P. *Professora sim, tia não, cartas a quem ousa ensinar.* São Paulo: Olho d'Água, 1993.

FREITAG, B. Educação para todos e indústria cultural. *Revista Brasileira de Estudos Pedagógicos*, v. 67, nº 155, pp. 171-206, jan./abr. 1986.

GATTI, B. A.; ESPÓSITO, Y. L.; SILVA, R. N. Características de professores (as) de 1º grau no Brasil: perfil e expectativas. *Educação e Sociedade,* São Paulo, nº 48, pp. 248-260, 1994.

GIROUX, H. *Teoria crítica e resistência em educação*. Petrópolis: Vozes, 1986.

GOLDBERG, M. A. A. Concepção sobre o papel da mulher no trabalho, na política e na família. In: *Cadernos de Pesquisa*, São Paulo, nº 15, 1985.

GORDON, D. M. et al. *Trabalho segmentado, trabalhadores divididos.* Espanha: MTSS, 1986.

GOUVEIA, A. J. Origem social, escolaridade e ocupação. *Cadernos de Pesquisa*, São Paulo, nº 32, pp. 3-30, fev. 1980.

GRAMSCI, A. *Concepção dialética da história*. Rio de Janeiro: Civilização Brasileira, 1995.

GROPPI, A. As raízes de um problema. In: BONACCHI, G.; GROPPI, A. (Org.). *O dilema da cidadania*: direitos e deveres das mulheres. São Paulo: Ed. UNESP, 1995.

GUEVARA, N. H. Ser mujer en la escuela. *Contexto & Educação*, ano 8, nº 30, pp. 55-59, abr./jun. 1993.

HABERMAS, J. *Para a reconstrução do materialismo histórico*. São Paulo: Brasiliense, 1983.

HAHNER, J. E. *A mulher brasileira e suas lutas sociais e políticas (1850 - 1937)*. Rio de Janeiro: Civilização Brasileira, 1978.

HELLER, A. *O Cotidiano e a história*. 4º ed. Rio de Janeiro: Paz e Terra, 1992.

HOEBEL, E. A. A natureza da cultura. In: SHAPIRO, H. L. *Homem, cultura e sociedade*, Rio de Janeiro: Fundo de Cultura, 1966.

HOLLANDA, S. B. *Raízes do Brasil*. 14º ed. Rio de Janeiro: J. Olympio, 1981. (Documentos Brasileiros)

HUFTON, O. Mulheres, trabalho e família. In: DUBY, G.; PERROT, M. *História das mulheres no Ocidente*. Porto: Edições Afrontamento, 1991. v. 3.

LEITE, M. M. *A condição feminina no Rio de Janeiro*: século XIX. São Paulo: HUCITEC, 1984.

LOURO, G. L. Mulheres na sala de aula. In: PRIORE, M. Del. (Org.), BASSANEZI, C. (Coord.). *História das mulheres no Brasil*. São Paulo: Contexto, 1997.

MACHADO, L. M. et al. De escola normal a CEFAM: evolução da formação de professores primários na E.E.P.S.G. Monsenhor Bicudo. Marília: Ed. UNESP, 1989. (mimeogr.).

MADEIRA, F. R. A esposa-professora e sua terceira ou quarta jornada de trabalho. *Ande*, São Paulo, 1979.

MEAD, M. *Macho e fêmea*: sexo e temperamento. São Paulo: Perspectiva, 1969.

MILL, J. S. *La servitú delle donne*. Roma: Savelli, 1976.

MIRANDA, G. V. A educação da mulher brasileira e sua participação nas atividades econômicas em 1970. *Cadernos de Pesquisa*, São Paulo, nº 15, ano.

MOELLWALD, M. E. A mulher e o trabalho no Brasil: realidade e contradições. In: JORNADA DO COMITÊ DAS NAÇÕES UNIDAS NO BRASIL CONTRA A DISCRIMINAÇÃO À MULHER, 1, 1987: (mimeogr.).

MURARO, R. M. *A mulher na construção do mundo futuro*. Petrópolis: Vozes, 1969.

NEVES, V. F. *O ensino de história na habilitação específica para o magistério*: uma contribuição à formação do professor das séries iniciais do 1ª grau, 1996. Tese (Doutorado em Educação Brasileira)– Faculdade de Filosofia e Ciências, Universidade Estadual Paulista, Marília, 1996.

OLIVEIRA, R.C. *Identidade, etnia e estrutura social*. S. Paulo: PIONEIRA, 1976

OLIVEIRA, R. D. O movimento de mulheres e o estado: interações. In: JORNADA DO COMITÊ DAS NAÇÕES UNIDAS NO BRASIL CONTRA·A DISCRIMINAÇÃO À MULHER, 1, 1987. *Relatório Final:* (mimeogr.).

OLIVEN, R. G. O nacional e o regional na construção da identidade brasileira. *Revista Brasileira de Ciências Sociais*, São Paulo, nº 12, pp. 68-74, out. 1986.

OTT, M. B. Escola, cidadania e profissionalização. Série Documental. *Relatos de Pesquisa*, Brasília, DF, nº 3, maio 1993.

PEREIRA, J. B. B. *A escola secundária numa sociedade em mudança.* São Paulo: Pioneira, 1969.

PEREIRA, L. *A escola numa área metropolitana.* São Paulo: Pioneira; EDUSP, 1967.

PEREIRA, L. *O professor primário metropolitano.* Rio de Janeiro: INEP, 1963.

PIMENTA, S. G. *Funções sócio-históricas da formação de professores de 1ª a 4ª série do 1º grau.* 1988.

PIMENTEL, S. Introdução. SÃO PAULO (Estado). Secretaria de Estado da Educação. Assessoria Técnica de Planejamento e Controle Educacional. *Mulher e educação*: o papel da mulher na sociedade. São Paulo: SE; ATPCE, 1987. (Debate)

PONCE, A. *Educação e luta de classes.* 5º ed., São Paulo: Cortez, Autores Associados, 1985.

PRADO JÚNIOR, C. *Evolução política do Brasil.* São Paulo: Brasiliense, 1969.

PRADO JÚNIOR, C. *Formação do Brasil contemporâneo (Colônia)*. 7ª ed. São Paulo: Brasiliense, 1963.

PROPOSTA popular de emenda ao projeto da Constituição, 1986.

RELATÓRIO da *I Jornada do Comitê das Nações Unidas no Brasil contra a Discriminação à Mulher* (CEDAW), São Paulo, Brasília, 1987.

RETRATO DO BRASIL. *À sombra do patriarcado. A evolução dos direitos da mulher no Brasil*. Vol. I, São Paulo: Ed. Três/Política Editora, 1984.

ROSALDO, M. Z.; LAMPHERE, L. (Coord.). *A mulher, a cultura e a sociedade*. Rio de Janeiro: Paz e Terra, 1989.

ROSEMBERG, F. A discriminação contra a mulher e a educação informal. *Psicologia Atual*, São Paulo, nº 9, 1979.

ROSEMBERG, F. A escola e as diferenças sexuais. *Cadernos de Pesquisa*, São Paulo, nº 15, pp. 18-85, dez./1975.

ROSEMBERG, F. O movimento de mulheres e a abertura política no Brasil: o caso da creche. *Cadernos de Pesquisa*, São Paulo, nº 51, pp. 73-79, nov. 1984.

ROSEMBERG, F.; AMADO, T. Mulheres na escola. *Caderno de Pesquisa*, São Paulo, nº 80, pp. 62-74, fev. 1992.

ROSEMBERG, F.; PINTO, R. P. *A educação da mulher*. São Paulo: Conselho Estadual da Condição Feminina, 1985.

ROSEMBERG, F.; PIZA, E. P.; MONTENEGRO, T. *Mulher e educação formal no Brasil: estado da arte e bibliografia.* Brasília, DF: REDUC; INEP, 1990.

ROUSSEAU, J. J. *Emílio ou da Educação.* São Paulo: Difusão Européia do Livro, 1968.

SACKS, K. Engels revisitado: a mulher, a organização de produção e a propriedade privada. In: ROSALDO, M. Z.; LAMPHERE, L. (Org.). *A mulher, a cultura, a sociedade.* Rio de Janeiro: Paz e Terra, 1979.

SAFFIOTI, H. I. B. *A mulher na sociedade de classes:* mito e realidade. São Paulo: Quatro Artes, 1969.

SAFFIOTI, H. I. B. Novas perspectivas metodológicas de investigação das relações de gênero. In: SILVA, M. A. de M. (Org.). *Seminário temático II.* Araraquara: Faculdade Ciências e Letras da UNESP, 1994.

SÃO PAULO (Cidade). Câmara Municipal de São Paulo. Parecer nº 431 de 1985. Das Comissões Especiais sobre o Requerimento nº P-97/84: CEI Mulher.

SÃO PAULO (Estado). Secretaria de Estado da Educação. Assessoria Técnica de Planejamento e Controle Educacional. *Mulher e educação:* o papel da mulher na sociedade. São Paulo: SE; ATPCE, 1987. (Debate)

SÃO PAULO (Estado). Secretaria de Estado da Educação. Lei Complementar nº 444, de 27 de dezembro de 1985. Estatuto do Magistério Paulista. São Paulo: Imprensa Oficial do Estado, 1986.

SÃO PAULO (Estado) Secretaria de Estado da Educação. Coordenadoria de Estudos e Normas Pedagógicas. *Proposta Curricular para o ensino de História-1º grau*. São Paulo: SE; CENP, 1992.

SÃO PAULO (Estado). Diário dos municípios. *Diário Oficial do Estado*, São Paulo, seção 1, v. 95, nº 175, 17 set. 1985.

SÃO PAULO (Estado). Mulher e Constituinte. Conselho Estadual da Condição Feminina de São Paulo, 1986.

SÃO PAULO (Estado). Secretaria de Estado da Educação. *Escola em movimento*: argumento. São Paulo: Coordenadoria de Estudos e Normas Pedagógicas, 1994.

SAVIANI, D. Educação, cidadania e transição democrática. In: COVRE, M. L. M. (Org.). *A cidadania que não temos*. São Paulo: Brasiliense, 1986.

SCHÄFFER, M. A identidade do professor. *Contexto & Educação*, ano 5, nº 17, pp. 11-16, jan./mar. 1990.

SCHWARTZENBERG, R. G. *O estado espetáculo*. Rio de Janeiro: Difel, 1978.

SODRÉ, N. W. *A formação da sociedade brasileira*. Rio de Janeiro: J. Olympio, 1944. (Documentos Brasileiros)

STUART, H. *Mulher, objeto de cama e mesa*; Petrópolis: Vozes, 1974.

TANURI, L. M. *O ensino normal no Estado de São Paulo, 1890-1930*. São Paulo: Faculdade de Educação da USP, 1979.

TANURI, L. M. A escola normal: subsídios para a discussão no I Congresso Estadual Paulista sobre a Formação do Educador. In: CONGRESSO ESTADUAL PAULISTA SOBRE A FORMAÇÃO DO EDUCADOR, 1., 1990. *Anais...* São Paulo: Águas de São Pedro, 1990.

TOSCANO, M.; GOLDEMBERG, M. *A revolução das mulheres:* um balanço do feminismo no Brasil. Cidade: Revan, 1992.

VERUCCI, F. *A mulher e o direito.* São Paulo: Nobel, 1977.

VERUCCI, F. (Coord.). A legislação brasileira à luz da convenção sobre a eliminação de todas as formas de discriminação contra a mulher. In: JORNADA DO COMITÊ DAS NAÇÕES UNIDAS NO BRASIL, 1, São Paulo, 1987.

WHITAKER, D. *Mulher e homem:* o mito da desigualdade. São Paulo: Moderna, 1989.

WILHEIM, A. M. Reflexões sobre os avanços no plano da infra-estrutura de apoio social: a situação das creches. In: JORNADA DO COMITÊ DAS NAÇÕES UNIDAS NO BRASIL, 1, São Paulo, 1987.

WOLLSTONECRAFT, M. *Direitos das Mulheres e injustiça dos homens.* Tradução de Nísia Floresta Brasileira Augusta. 4ª ed. atual., com introdução, notas e posfácio de Constância Lima Duarte. São Paulo : Cortez, 1989. (Biblioteca da Educação, Série 3: Mulher Tempo, v. 3). Título original: *Vindication of the Rights of Women.*

ZELANTE, A. N. *Formação do magistério de 1º grau:* um esforço de renovação. 1994. Tese (Doutorado em Educação)– Universidade de São Paulo, São Paulo, 1994.

ZELANTE, A. N. *A escola normal paulista:* acertos e desacertos. 1987. Dissertação (Mestrado em Educação)– Universidade de São Paulo, São Paulo, 1987.